Inhalt

W0035822

Einführung

Wir alle lieben Rituale, ob im privaten Alltag oder im Berufsleben, in der Kultur oder in der Kindererziehung. Oft sind sie uns gar nicht bewusst, aber mit ihrem verlässlichen Ablauf erleichtern und vereinfachen sie unser gesamtes Leben. Rituale sind immer wiederkehrende Handlungen, die jedes Mal gleich ablaufen. Erst durch ihre Wiederholung erhalten sie ihren besonderen Sinn.

Besonders Kinder lieben Rituale, die alltäglichen und die besonderen, denn sie geben ihnen Sicherheit und Vertrauen im Tages-, Wochen- und Jahresablauf.

In diesem Buch konzentrieren wir uns auf Rituale für Kinder zwischen drei und 12 Jahren. Wir möchten mit einer Vielzahl von praktischen Beispielen zeigen, wo Rituale hilfreich sein können, wie vielfältig sie sind und was sie im Erziehungsalltag bewirken können.

Zum Geburtstag eines Kindes gehören der Geburtstagskuchen, Geschenke und die Feier mit seinen Freunden. Undenkbar, dass ein Kindergeburtstag ohne Feierlichkeiten mit den Verwandten, ohne Geschenke und ohne Geburtstagskuchen vorübergehen könnte. Das Ausblasen der brennenden Kerzen, die guten Wünsche, die besondere Stellung des Geburtstagskindes an diesem, seinem Tag sind rituelle Gewohnheiten, die aus unserem Kulturkreis nicht wegzudenken sind. Ein Kind, dessen Geburtstag unbemerkt verstreichen würde, hätte sicherlich Schwierigkeiten mit seinem Selbstwertgefühl und wäre unglücklich und traurig.

Besonders wichtig sind Kindern Rituale als Hilfe beim Beginn von etwas Ungewohntem, wie beispielsweise der ersten Übernachtung bei einem Freund, der Einschulung oder dem Besuch des Kindergartens. Rituale bauen eine Brücke zwischen Altem und Neuem, mindern so die Angst, bieten Schutz und geben Vertrauen.

Rituale werden genutzt um schwierige Situationen zu meistern, problematische Lebensstationen durchzustehen oder um den ganz normalen Alltag mit Kindern in überschaubare Abschnitte zu gliedern. Jede Familie, jedes Kind entwickelt eigene, nützliche Rituale, deren Sinn für andere vielleicht nicht sofort einsehbar ist.

Wenn man Kinder beobachtet, begreift man schnell, dass eingespielte Gewohnheiten, sonderbar anmutende Regeln und eine stets wiederkehrende Abfolge von Tätigkeiten ihnen Halt, Sicherheit und Geborgenheit bieten. Je persönlicher Rituale gestaltet werden, je individueller sie auf ein Kind und seine Familie zugeschnitten sind, desto hilfreicher sind sie für das einzelne Kind.

„Mama, lass uns nicht alleine!" Trennungsängsten wirkungsvoll begegnen

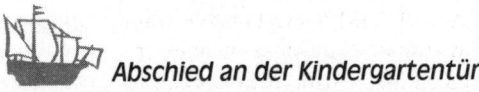 *Abschied an der Kindergartentür*

Jeden Morgen, wenn Sonja (28) ihren Sohn Fritz (3 ½) in den Kindergarten brachte, wappnete sie sich innerlich vor dem Drama, das sie nun wieder erwartete. Kaum hatte sie ihrem Sohn die Jacke ausgezogen, seine Hausschuhe angezogen und ihn mit einem Kuss und einem sanften Schubs in die Gruppe der anderen Kinder entlassen, begann Fritz jämmerlich zu weinen und sich an seine Mutter zu klammern. Sonja musste sich dann jedes Mal schweren Herzens von ihrem Sohn losreißen und ihn mit schlechtem Gewissen den Erzieherinnen überlassen, die ihr versicherten, er werde gleich aufhören und mit den anderen Kindern spielen. Im Büro angelangt brauchte sie oft lange Zeit, bis sie sich auf ihre Arbeit konzentrieren konnte, weil ihre Gedanken um Fritz kreisten, und darum, ob es ihm wohl gut ging und er zu weinen aufgehört hatte.

Weil die Trennung der Mutter und ihrem Sohn gleichermaßen schwer fiel, dachten sie sich gemeinsam ein Ritual aus, das ihnen schnell geholfen hat. Beide trugen zu dieser Zeit ein buntes Freundschaftsbändchen aus Baumwolle, das eine Freundin für sie geflochten hatte. Dieses Bändchen tauschten sie ab sofort jeden Morgen vor der Tür des Kindergartens aus und versprachen sich gegenseitig, auf das Bändchen des anderen gut aufzupassen. Immer verabschiedeten sie sich nun mit den Worten: „Wenn du nachher nicht da bist, darf ich dein Bändchen für immer behalten!" Dies gab Fritz sehr viel Sicherheit, dass seine Mutter ihn auf jeden Fall wieder abholen würde. Er konnte nun den Abschied besser ertragen, und wenn er doch einmal Sehnsucht nach seiner Mutter hatte, dann tröstete ihn das Bändchen an seinem Arm.

Wenn das eigene Kind beim morgendlichen Abgeben im Kindergarten in herzzerreißendes Schluchzen ausbricht und sich tränenüberströmt an seiner Mutter oder seinem Vater festklammert, dann können die Sorgen und Schuldgefühle der Eltern zu großen Belastungen werden.

Im Alter von circa drei Jahren steht vielen Kindern und Eltern durch den Besuch einer Kindergruppe oder eines Kindergartens ein einschneidender Ablösungsprozess bevor.

Diese zeitliche und räumliche Trennung von Kindern und ihren Eltern ist neu, ungewohnt und kann zu Ängsten und Verlustgefühlen auf beiden Seiten führen, wenn sie nicht gut vorbereitet wird.

Häufig ändert sich mit dem Schritt aus dem überschaubaren Lebensfeld der Familie heraus in die noch unbekannte Welt der Gruppen und Beziehungen außerhalb auch das Verhalten des einzelnen Kindes. Es lernt durch die Erfahrungen im Kindergarten, mit einer Gruppe von Gleichaltrigen und durch die Erzieherinnen neue Verhaltensweisen, die den familiären Gewohnheiten und Handlungen manchmal widersprechen und zu Konflikten in der Familie führen können.

Der Schritt in den neuen Lebensabschnitt ist nicht einfach. Nur wenige Dreijährige laufen in den ersten Tagen und Wochen ihres Kindergartenbesuchs freudestrahlend auf die Erzieherinnen zu und werfen ihren Eltern nur noch kurz ein glückliches Abschiedslächeln zu. Wer Tränen und Leid auf beiden Seiten vermeiden möchte, der tut gut daran, sich und sein Kind rechtzeitig auf die bevorstehenden Abschiedssituationen vorzubereiten.

Die Anforderungen des Alltags an Kinder und Eltern verändern sich durch die neue Situation, und aus diesem Grund werden nun auch andere, den Anforderungen angemessene Rituale benötigt, um den Schritt in eine neue Selbständigkeit bewältigen zu können.

Auch die liebevollen Worte der Erzieherin helfen manchmal nur wenig, wenn Kindern und Eltern der Abschied schwer fällt. Unsicherheit, Schuldgefühle und gelegentlich auch mangelndes Vertrauen in die Kompetenz der Erzieherinnen belasten den neuen Lebensabschnitt, ein Gefühlskarussell der Eltern, das sich schnell auf die Kinder überträgt.

Zieht sich dieses ängstliche und weinerliche Abschiedsverhalten des Kindes dann über mehrere Wochen hin, wird der Kindergarten schnell zum Reizthema für die Familie. Sein eigentlicher Sinn der Entlastung verkehrt sich in eine zusätzliche Belastung.

Wie hilfreich sind hier Rituale, die dem Kind Sicherheit und Geborgenheit in der Kindergartengruppe vermitteln und ihm seine Angst vor dem Verlassenwerden nehmen und gleichzeitig die Eltern von den Schuldgefühlen befreien, ihr weinendes Kind in der Obhut von Fremden zurückzulassen.

 *Vorbereitung auf den Kindergarten*

Bevor ein Kind in den Kindergarten geht, sollte es kleine Abschiede im familiären Rahmen ausreichend eingeübt haben. So eine kurze Zeit der Trennung kann zum Beispiel sein, wenn die Mutter oder der Vater in den Keller gehen, um die Wäsche aufzuhängen, für zehn Minuten die Nachbarin besuchen oder kurz alleine einkaufen gehen.

Sylvia (3) sollte im Sommer in den Kindergarten kommen. Das kleine Mädchen war ängstlich und traute sich kaum, ohne die Mutter bei ihrer Freundin zu bleiben. Wie sollte es da erst im Kindergarten werden? Um Sylvias Angst vor dem Alleinsein schrittweise abzubauen, begann ihre Mutter regelmäßig jeden Morgen kurz zum Bäcker zu gehen, um Brötchen zu holen. Immer brachte sie anschließend für Sylvia Brotkonfekt mit, dass diese besonders gerne aß.

Sie erzählte ihrer Tochter, dass ihr Stoffkater vielleicht nicht so gerne alleine bleiben wolle. Deshalb müsse Sylvia ihn trösten und bei ihm in der Wohnung bleiben. Sylvia übernahm stolz die Aufgabe, den Kater zu trösten während die Mutter fort war. Während die morgendlichen Einkäufe nun immer etwas länger wurden, setzte sich Sylvia mit ihrem Stofftier ans Fenster und wartete auf die Rückkehr der Mutter.

Nach einiger Zeit wurde Sylvia dann im Kindergarten eingewöhnt. Selbstverständlich war der Stoffkater mit dabei, und Sylvia erklärte ihm jedes Mal, wenn sie ihre Mutter vermisste, dass diese nur einkaufen sei und sie beide sicher bald abholen würde. Der Stoffkater half Sylvia nicht nur im Kindergarten, sie nahm ihn auch mit zur Übernachtung bei der Oma und zu Kindergeburtstagen, bis er irgendwann von selbst überflüssig wurde.

Um die Abwesenheit der Eltern ohne Angst verkraften zu können, braucht das Kind als verlässliche Stütze ein immer wiederkehrendes Ritual. Deshalb sollte die Verabschiedung durch die Eltern einem festen Ablauf folgen und durch einen Ritualgegenstand, der dem Kind hilft seine Angst oder Einsamkeit zu ertragen, gestützt werden. Dies kann ein Kuscheltier sein, ein Schmusekissen oder vielleicht die Lieblingspuppe oder das Lieblingsauto.

Das Kind wird also mit jeweils ähnlichen Worten verabschiedet, es wird ihm erklärt, wo sich die Eltern befinden und wie lange sie wegbleiben. Anhand einer Sanduhr oder einer richtigen Uhr wird ihm erklärt, wann die Eltern wiederkommen.

Wichtig ist es auch, mit dem Kind einzuüben, was es tun kann, wenn ihm die Zeit zu lang wird. Beispielsweise kann das Kind dann mit seiner Puppe reden, ihr erklären, dass die Eltern gleich wiederkommen, die Puppe trösten und sich so ein wenig von seinen eigenen Ängsten distanzieren. Möglicherweise hilft es auch, eine Kassette einzulegen oder ein kurzes Video anzusehen.

Sind die Eltern wieder da, ist es gut mit dem Kind über seine Gefühle während der Zeit ihrer Abwesenheit zu sprechen. Es sollte gefragt werden, wie es ihm ergangen ist, was es gemacht hat und wie es sich seine Zeit während der Abwesenheit der Eltern noch besser einteilen könnte. Oft haben Kinder selber gute Ideen, welcher Ritualgegenstand ihnen am besten hilft, oder welche Form der Verabschiedung ihnen Sicherheit und Vertrauen gibt.

Hat das Kind diese kleinen Abschiede ausreichend erfahren und dadurch gelernt, dass die Eltern wiederkommen, ist es auch in der Lage, längere Zeiträume ohne Eltern zu überstehen.

 *Trennungsschmerz bewältigen lernen*

Nicht nur für Eltern und Kinder ist es eine fremde und ungewohnte Situation, wenn ihr Kind in den Kindergarten kommt. Auch für Erzieherinnen verändern sich die Strukturen ihrer Gruppen mit jedem Neuankömmling. Aus diesem Grunde ist es für beide Seiten wichtig diesen neuen Lebensabschnitt mit einem ausführlichen Gespräch zu beginnen.

Um mit dem zu erwartenden Trennungsschmerz eines Kindes optimal umgehen zu können, benötigt die Erzieherin einige wichtige Informationen über das Kind. Sie sollte wissen, wie das Kind auf den Abschied vorbereitet worden ist, und was es üblicherweise gegen den Trennungsschmerz tut. Um dem Kind Sicherheit und Vertrauen vermitteln zu können, sollte sie die zu Hause eingeübten Rituale kennen und sie im Kindergarten fortsetzen.

Rituell gestaltet werden kann schon der Fortgang aus der Wohnung, indem das Kind jeden Morgen seine Kuscheltiere verabschiedet und sie an einen bestimmten Platz setzt. Sitzen die Tiere am Fenster des Kinderzimmers oder des Wohnzimmers, sind sie beim Heimkommen schon aus der Ferne zu sehen.

Auch der Weg zum Kindergarten kann jedes Mal an bestimmten Plätzen oder Schaufenstern vorbei führen, die dem Kind gefallen und über die es sich freut. Ein kleiner morgendlicher Umweg zum Bäcker, am Blumenladen vorbei oder der Halt beim Gemüsehändler schafft Vertrauen in die Regelmäßigkeit des Tagesablaufes.

Siegfried (4) war ein echter Turtles-Fan. Die kleinen, grünen Schildkrötenfiguren waren sein ganzer Stolz, und er hatte bereits eine stattliche Sammlung davon. Jeden Morgen, bevor er mit seinem Vater in den Kindergarten fuhr, verabschiedete sich der Junge von den Figuren. Sie wurden in einer bestimmten Reihenfolge auf dem Rückenteil seines Bettes aufgebaut. Dieser Aufbau folgte einer bestimmten Regel, die aber nur für Siegfried einsichtig war. Niemand sollte in seiner Abwesenheit die Figuren verändern. Hatte er morgens mal keine Zeit, sich um die Turtles zu kümmern, quengelte er und war auch im Kindergarten nicht zufrieden. Kam er mittags nach Hause, überprüfte er zuerst, ob die Figuren noch am richtigen Platz saßen, und erst dann erzählte er von seinem Tag.

Im Kindergarten selber kann die Verabschiedung entweder schon vor der Tür zum Gruppenraum geschehen oder im Gruppenraum selber, wichtig ist nur, dass die Verabschiedung jeden Tag am gleichen Ort stattfindet. In vielen Gruppen ist es auch möglich, dass sich die Mutter oder der Vater mit dem Kind gemeinsam jeden Morgen noch ein Buch anschaut. Eines, das sich das Kind selber ausgesucht hat, und das auch wirklich am Morgen verfügbar ist. Eventuell sollte ein Ersatzbuch griffbereit sein oder ein eigenes mitgebracht werden.

Wenn das Kind einen Ritualgegenstand mitbringt, dann sollte die Erzieherin dies wissen, um ihn in die Bewältigung des Abschiedes mit einbeziehen zu können, falls es dem Kind schwer fällt, sich alleine mit dem Gegenstand zu beruhigen.

Einige Eltern haben sehr gute Erfahrung mit den bunten, südamerikanischen Sorgenpüppchen gemacht, die klein und handlich sind und in jede Tasche passen. Diesen Püppchen können die Kinder all ihre Sorgen und Ängste anvertrauen, sie erinnern sie an zu Hause und vermitteln dadurch die Sicherheit, dass die Eltern wiederkommen. Schon zu Hause sollte das Kind geübt haben, in welcher Tasche sich das Püppchen befindet und wie es mit ihm redet, damit es in einer akuten Situation auch wirklich eine nützliche Hilfe darstellt.

Bewährt haben sich auch Halbedelsteine, beispielsweise handliche Rosenquarze, die das Kind abends unter sein Kopfkissen legt, damit schlechte Träume in der Nacht weggenommen werden. Sie vermitteln dem Kind im Kindergarten Sicherheit, wenn es seine Hand um den vertrauten Gegenstand in seiner Hosentasche schließt.

Oft hilft es auch, die Telefonnummer der Eltern gemeinsam mit dem Kind auf einen bunten Zettel zu schreiben oder zu malen und diesen dann an einem sicheren Ort in der Kindergartentasche zu verstauen. Dies versichert dem Kind die Erreichbarkeit der Eltern und schafft auch bei deren Abwesenheit eine gedankliche Bindung an sie.

Jennifer (4 ½) trug im Kindergarten immer einen Gürtel mit Gürteltasche, in der sie die Handy-Nummer ihres Vater aufbewahrte. So war sie sich sicher, ihn erreichen zu können, wenn sie es einmal nicht mehr aushielt oder großen

Kummer hatte. Auch die Erzieherinnen wussten über die Nummer Bescheid und fragten Jennifer, wenn sie sehr traurig war, ob sie den Papa anrufen wolle. Meistens genügte es, Jennifer an diese Möglichkeit zu erinnern. Sie wusste, dass der Papa viel Arbeit hatte und nur in wichtigen Fällen kommen würde. Deshalb wollte sie sich einen Anruf auch für wirkliche Notfälle aufheben. So überlegte sie jedes Mal mit ihren Erzieherinnen, ob es ein echter Notfall sei. Meistens reichte dies aus, um sie zu beruhigen.

Manchmal passiert es, dass ein Kind sich gut in den Kindergarten eingewöhnt hat, aber nach einer Weile doch wieder Probleme mit der Trennung von den Eltern zeigt. Für solche Fälle ist es gut, eine Steigerungsstufe der Rituale oder der Ritualgegenstände griffbereit zu haben.

Die dreijährige Lisa war schon seit zwei Monaten im Kindergarten und hatte sich nach den ersten Tagen gut eingelebt, so dass ihre Mutter ihr Kind vertrauensvoll den Erzieherinnen überlassen konnte. Plötzlich zeigte Lisa aber doch wieder ohne ersichtlichen Grund Trennungsängste, wollte ihre Mutter nicht gehen lassen und weinte beim Abschied.
Da gab Lisas Mutter ihrer Tochter ein Medaillon, und erklärte ihr, dass sie es selber als Kind getragen hatte, wenn sie Sorgen und Ängste im Kindergarten hatte. Dieses Medaillon hatte Lisas Mutter schon von ihrer Mutter bekommen, so dass es sich um einen sehr bedeutungsvollen Ritualgegenstand handelte. Es machte Lisa enorm stolz, dass sie nun die Trägerin dieses vererbten Familienschmuckstückes sein durfte. Sie nahm das Medaillon einige Tage mit in den Kindergarten und zeigte schnell keine Abschiedsängste mehr. Später legte sie es sorgfältig zu Hause in ihr Schatzkästchen, da es seinen Zweck erfüllt hatte und im Kindergarten nicht mehr gebraucht wurde.

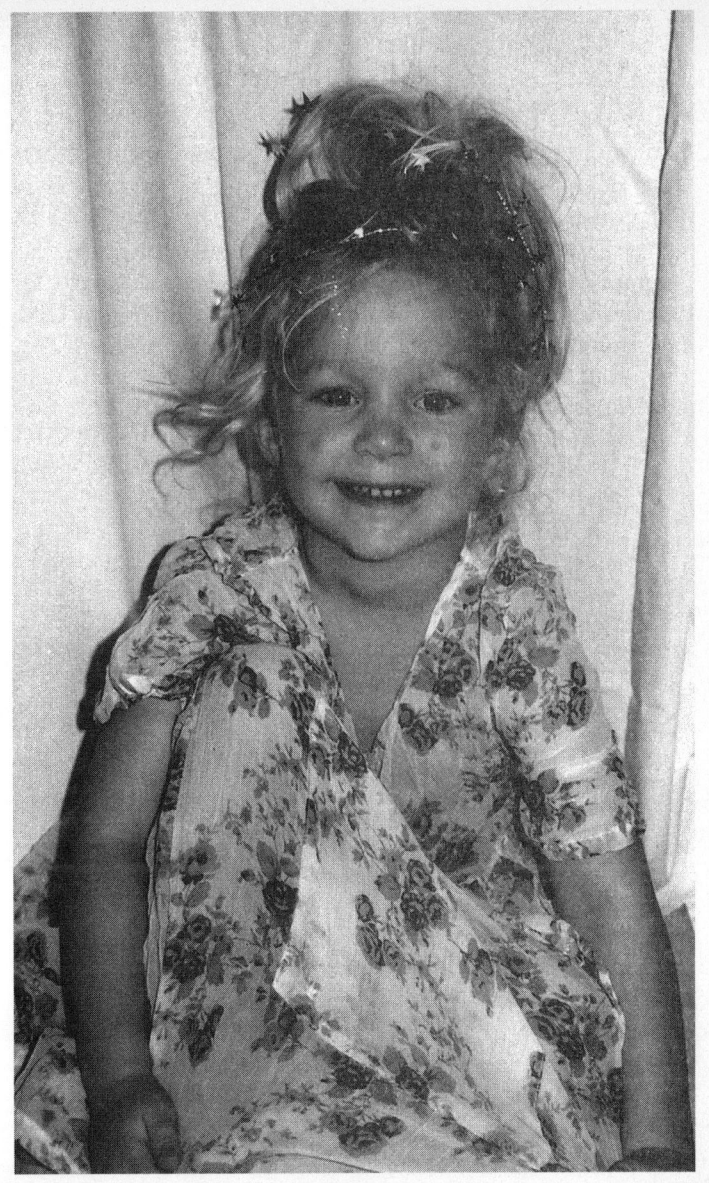

Nicht jedes Kind ist so kontaktfreudig, dass es schon am ersten Tag im neuen Kindergarten Freundschaften schließt. Wenn Kinder eher schüchtern und zurückhaltend sind, so haben sie manchmal größere Probleme den Anschluss an die Gruppe zu finden als andere. Eine Freundschaft zu schließen hilft ihnen, sich vertrauter und sicherer in der neuen Umgebung zu fühlen. Deshalb kann es sehr hilfreich sein, wenn Eltern sich aktiv darum bemühen, dass ihr Kind schnell Kontakt zu anderen Kindern aus der Gruppe auch außerhalb des Kindergartens schließt.

Lars (3) fühlte sich in seinem neuen Kindergarten nicht sehr wohl. Obwohl seine Mutter ihn langsam eingewöhnt hatte und nie lange in der Gruppe warten ließ, fand er nur schwer Kontakt zu den anderen Kindern. Seine Eltern machten sich große Sorgen um ihren Sohn. Nach einem Gespräch mit der Erzieherin vereinbarten sie mit einer anderen Mutter einen regelmäßigen Besuchstag ihrer beiden Kinder. Jeden Montagnachmittag trafen sich die Mütter mit ihren Kindern, um eine Freundschaft zwischen ihnen zu unterstützen. Da diese gegenseitigen Besuche für Lars ein Ritual darstellten, gaben sie ihm eine Sicherheit und eine Verknüpfung zwischen dem Kindergarten und seinem Zuhause. Diese Besuche erleichterten es Lars nach einiger Zeit, auf andere Kinder zuzugehen und sich in der Gruppe immer wohler zu fühlen.

Dem ersten Schritt aus der Familie hinaus in den Kindergarten kann bald ein zweiter folgen, wenn das Kind besondere Interessen entwickelt und Talent für bestimmte Dinge zeigt. Positive Rückmeldungen für geleistete Arbeiten verhelfen auch jungen Kindern schon früh zu einem stabilen Selbstbewusstsein. Dieses hilft ihnen in ungewohnten und fremden Situationen, macht sie stark und gibt ihnen Vertrauen in ihre eigenen Fähigkeiten.

Marion (5) war sehr schüchtern und hatte ebenfalls große Probleme, mit den anderen Kindern aus ihrer Gruppe in Kontakt zu kommen. Sie war sehr langsam und beim Spielen immer die Letzte, so dass sie sich kaum traute, mit den anderen Kindern ein gemeinsames Spiel zu beginnen. Da sie aber sehr kreativ war und gerne malte, meldete die Mutter sie in einem Kindermalkurs an, zu dem auch zwei weitere Kinder ihrer Gruppe gingen. Ihre Bilder wurden jedes Mal nach dem Kurs stolz dem Vater präsentiert, der sie mit ins Büro nahm und dort hinter seinem Schreibtisch aufhängte. Die regelmäßigen Malkurstermine verhalfen ihr zu Erfolgserlebnissen, weil sie von der Lehrerin immer besonders für ihre schönen Bilder gelobt wurde. Das wachsende Selbstgefühl Marions übertrug sich auch auf den Kindergarten, so dass sie sich langsam immer mehr zutraute und von den anderen Kindern besser integriert wurde.

 *Trennungsschmerz der Eltern*

Häufig kommt es vor, dass nicht nur die Kinder sondern auch ihre Eltern mit dem morgendlichen Abschied von ihrem Kind Schwierigkeiten haben. Verständlicherweise müssen auch sie sich daran gewöhnen, ihr Kind einer fremden Person einige Stunden anzuvertrauen, ohne immer gleich anwesend zu sein, wenn Schwierigkeiten und Probleme auftreten, oder wenn das Kind weint, weil es etwas nicht mag, nicht versteht oder beängstigend findet. Auch Eltern brauchen in diesen Situationen Unterstützung und Verständnis, damit sie selber eine positive Haltung entwickeln und so ihrem Kind die Eingewöhnung in den Kindergarten erleichtern können. In manchen Kindergärten ist es möglich, dass sich Eltern in den ersten Tagen für einige Zeit in einem Nebenraum aufhalten, damit sie gerufen werden können, falls es Probleme gibt.

Hilfreich ist es auch, wenn sich einige Eltern zusammentun und in den ersten Tagen oder Wochen morgens etwas gemeinsam unternehmen. Sie können zum Beispiel bei einem gemütlichen Frühstück in einem Café in der Nähe über ihre Kinder und ihre eigenen Gefühle sprechen und sich gegenseitig stützen in ihrem eigenen Trennungsschmerz. Dabei sollten sie dem Kindergarten die Telefonnummer hinterlassen, um erreichbar zu sein.

Beas (3) Mutter fällt es schwer, sich daran zu gewöhnen, dass sie ihre Tochter nun täglich den Erzieherinnen des neuen Kindergartens anvertrauen soll. Während des Vormittags fühlt sie sich unruhig und nervös. Sie beschließt mit einer anderen Mutter einige Wochen lang gemeinsam zu frühstücken, um ihre Sorgen und ihre Ungewissheit in Ruhe besprechen zu können. Das gemeinsame Frühstück gibt beiden Müttern eine Möglichkeit, sich an die neue Situation langsam zu gewöhnen. Der beidseitige Austausch tut den Müttern gut.

Oder man trifft sich bei einem Elternteil zu Hause und überlegt, wie der Übergang in den Kindergarten für Eltern und Kinder erleichtert werden kann. Diese Treffen werden von ganz alleine wieder aufhören, wenn sich die Eltern und ihre Kinder an den Kindergarten und die damit verbundene Trennungssituation gewöhnt haben.

„Aber ich bin doch noch gar nicht müde!" Einschlafen leicht gemacht

Einschlafrituale sind fast unverzichtbar und werden in nahezu jeder Familie angewendet. Es sind sinnvolle und effektive Hilfen den Tag zu beschließen und die Nachtruhe einzuläuten. Wichtig ist dabei, die Rituale nicht als Belohnung oder als Bestrafung einzusetzen, sondern sie kontinuierlich auszuüben, egal was den Tag über geschehen ist. Nur so können sie ihre Kraft und Sicherheit entfalten. Bevor ein Einschlafritual gewählt wird, sollten jedoch noch einige Überlegungen angestellt werden.

Kinder haben unterschiedliche Schlafbedürfnisse, manche benötigen sehr lange Ruhephasen und sind morgens nicht aus dem Bett zu locken, andere gehen erst spät schlafen und stehen morgens trotzdem ausgeruht als Erste auf. Bevor man sich also mit dem langwierigen Thema der Einschlafproblematik befasst, sollte man unbedingt feststellen, ob das eigene Kind ein großes oder ein kleines Schlafbedürfnis hat. Dies kann durch Beobachtung herausgefunden werden, am besten in den Ferien, wenn alle so lange schlafen können, wie sie möchten. Diese ermittelte durchschnittliche Schlafstundenzahl ist nun übertragbar auf den Alltag, muss jedoch regelmäßig überprüft werden, denn mit steigendem Alter benötigen Kinder zunehmend weniger Schlaf.

Jennifer (8) liebte es sehr, wenn sie an jedem Abend ihrer Mutter noch den Verlauf ihres Tages erzählen konnte. Und besonders wenn die Mutter am Tag sehr wenig Zeit für Jennifer hatte, gab es immer eine Viertelstunde, in der die Mutter zu ihrer Tochter ins Bett krabbelte und sich die Ereig-

Schlafen und Einschlafen sind eng gekoppelt an Ruhe. Es liegt also auf der Hand, dass zum Einschlafen eine ruhige, stille Umgebung sinnvoll ist. Auch die Person, die für das Einschlafen beim Kind zuständig ist, sollte ruhig und entspannt sein und keinem Zeitdruck unterliegen. Häufig stehen Eltern unter dem Druck, das Kind zu einer bestimmten Uhrzeit zum Schlafen bringen zu müssen. Sei es, dass sie verabredet sind, ein wichtiges Telefonat führen müssen oder sich Besuch angesagt hat. Dadurch staut sich Nervosität und Unruhe auf, die sich wiederum auf das Kind überträgt und ein schnelles Einschlafen beinah unmöglich werden lässt. Das Schaffen einer ruhigen und entspannten Einschlafsituation ist also absolut wichtig.

 **Zur Ruhe kommen**

Ausziehen, Zähne putzen und Aufräumen wurden jeden Dienstag voller Vorfreude auf den gemeinsamen Abend ohne Diskussionen erledigt. Nicht nur die Kinder profitierten von diesem lieb gewordenen Ritual, auch die Mutter genoss den Abend, denn sie wusste genau, dass sie am nächsten Tag ausgeschlafen und voller Energie sein würde.

In vielen Familien ist es üblich, dass vor dem Schlafengehen zum Ausklang des Tages ein gemeinsames Abendessen stattfindet. Bei dieser Gelegenheit wird über den vergangenen Tag gesprochen und Pläne für den kommenden Tag gemacht. Vielleicht nehmen sich die Eltern auch Zeit, mit dem Kind gemeinsam ein Brett- oder Kartenspiel zu spielen. Jüngeren Kindern hilft es, vor dem Zubettgehen regelmäßig noch ein Bad zu nehmen und sich so auf das Schlafen vorzubereiten. Sehr gerne schauen sich Kinder auch gemeinsam mit ihren Eltern Familienfotos an, sprechen über vergangene Zeiten und Erlebnisse und beschäftigen sich mit ihrem eigenen Älterwerden.

Je nach Glauben der Eltern kann das Abendgebet eine große Hilfe sein. Die Kinder können Gott ihre Sorgen und Nöte anvertrauen, sich bei ihm bedanken für die Ereignisse des Tages, oder sich etwas für den kommenden Morgen von ihm wünschen. Dies ist für die Eltern eine Möglichkeit, das Kind für die Nacht den guten Mächten anzuvertrauen.

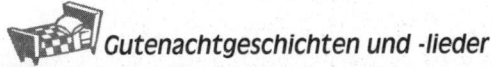 ## Gutenachtgeschichten und -lieder

Bevor Ulrich (4) einschlief, wollte er immer mit seinen Eltern gemeinsam noch ein Lied singen. Es war ihm dabei ganz wichtig, dass er bestimmte, welches Lied es sein sollte. Fast immer wählte er ein Lied, das er am selben Tag im

Kindergarten gesungen hatte. So übertrug er seine Erfahrungen und Erlebnisse vom Kindergarten aufs Zuhause und lieferte damit seinen Eltern und sich selbst einen Anknüpfpunkt, von seinen Erlebnissen und Erfahrungen des Tages zu „erzählen".

Liegt das Kind abends im Bett und versucht einzuschlafen, zählen zu den bewährtesten Ritualen die Gutenachtgeschichte und das Gutenachtlied. Von der vertrauten Stimme der Mutter oder des Vaters vorgetragen, vermitteln alte, bekannte Lieder und Geschichten Ruhe und Geborgenheit. Gleichzeitig haben Gutenachtgeschichten auch einen besonderen Wert für das Kind, weil die Mutter oder der Vater sich extra dafür Zeit nehmen.

Es gibt besonders geeignete Entspannungsmusik, das Tempo dieser Musik ist dem Pulsschlag in Entspannung angepasst (circa 60 Schläge in der Minute).[1] Diese speziell komponierte Musik erleichtert es den Kindern sich zu beruhigen und abzuschalten, besonders wenn sie an einem Tag viele aufregende Dinge erlebt haben und sehr aufgeregt sind.[2]

Tom (5) mochte nicht gerne alleine ins Bett gehen. Er bestand jeden Abend darauf, dass seine Mutter oder sein Vater ihn beim Einschlafen unterstützten. Am liebsten hatte er es, wenn die Eltern aus ihrer eigenen Kindheit erzählten. Dabei gefiel ihm am besten eine Geschichte, die die Schwierigkeiten seines Vater mit dem Einschlafen zum Thema hatte. Tom konnte gar nicht genug davon bekommen. Immer wieder wollte er hören, dass sein Vater auch manchmal Angst vor dem Einschlafen hatte. Dass er sich dann ganz tief in seine Bettdecke gewickelt hatte, so dass nur noch seine Haare hervorschauten. Dabei mussten Arme und Beine

---

1   Harmonie von Arndt Stein
2   Spaziergang am Bach von Martin Buntrock

ganz dicht von der Decke umschlossen sein, kein Luftzug durfte durch das Bettzeug dringen. Erst dann konnte er einschlafen. Tom fand es lustig, dass sein starker Vater wirklich manchmal Angst vor dem Einschlafen gehabt hatte. Er erklärte ihm dann, dass er, Tom, natürlich auch schlafen konnte, wenn die Decke nicht völlig um ihn gewickelt war. Dies musste er dann beweisen, und so schlief Tom Abend für Abend zufrieden ein.

Besonders beliebt sind Geschichten aus der eigenen Vergangenheit der Eltern, die das Kind mit seiner aktuellen Lebenssituation verbinden kann. Beispielsweise Streiche aus dem Kindergarten, Erfahrungen beim ersten Alleinsein zu Hause, ein beängstigendes Erlebnis, das gut ausgegangen ist, oder die eigene Geburt sind Themen, mit denen Kinder sich identifizieren können und die sie immer wieder hören möchten.

Wenn die Zeit zum Vorlesen oder -singen nicht ausreicht, dann kann man auch eine Kassette mit Kinderliedern oder mit einem leise vorgetragenen Kindermärchen von Band oder CD ausprobieren.

Bei allen Einschlafritualen ist es notwendig, mit dem Kind genau das Ausmaß abzusprechen. Setzen die Eltern hier keine klaren Grenzen, so verlangen die Kinder oftmals weiter Lieder vorgesungen zu bekommen oder noch eine Geschichte zu hören. Die Grenzen des Rituals müssen klar gesteckt werden: *Eine* Geschichte, *zwei* Lieder oder *eine* Körpermassage von den Füßen bis zu den Händen.

Als Jeanette (8) in die 3. Klasse kam, wollte sie plötzlich keine Gutenachtgeschichte mehr hören. Lieber nahm sie sich ein Buch zur Hand und las allein noch eine Viertelstunde darin oder hörte sich eine Musik-CD an. Sie schloss dabei ihre Zimmertür und wollte ungestört sein. Die Geschichten ihrer Eltern tat sie als Kinderkram ab, und auch auf ein Nachtlicht verzichtete sie ab diesem Zeitpunkt. Jeanette hatte von selbst ein altes Ritual über Bord geworfen und sich ein neues geschaffen. Ihre Eltern akzeptierten dies, sie achteten lediglich darauf, dass Jeanette auch wirklich nach einer Viertelstunde das Licht löschte und schlief.

In dem Alter von Jeanette tut es Kindern gut, wenn sie eigene Entscheidungen verantwortlich treffen können. Sie möchten von den Erwachsenen ernst genommen werden in ihrem Bemühen sich zu Jugendlichen zu entwickeln. Dazu gehört auch, Versprechen zu halten und das Vertrauen der Eltern zu genießen. Trotzdem kann es passieren, dass die Kinder ihr Verhalten noch einmal ändern und nach einigen Wochen doch wieder auf die bewährte Gutenachtgeschichte zurückgreifen möchten.

Handlungen und Ritualgegenstände für den Schlaf

Das Gutenachtsagen beinhaltet eine bestimmte und unveränderliche Abfolge von Handlungen, die dem Kind signalisieren, dass es nun schlafen soll. Manche Eltern beten gemeinsam mit ihrem Kind und lassen den Tag dabei noch einmal gedanklich ablaufen. Hier ist auch Platz, besondere Ereignisse zu kommentieren und Wünsche für den nächsten Tag einzubringen. Anschließend kann man das spezielle Kuscheltier, das zum Schlafen dazugehört, dem Kind in den Arm legen, und vielleicht auf eine ganz besondere Weise die Bettdecke um das Kind herum feststecken, so dass es sich sehr beschützt und behütet fühlt. Die rituellen Schlafgegenstände, die das Kind benutzt, dürfen nicht für andere Situationen zweckentfremdet werden, sonst verlieren sie ihren Wert. Das Schlafkuscheltier sollte jeden Abend dasselbe sein, außer das Kind wechselt bewusst sein Lieblingstier gegen ein anderes aus.

Fabian war vier Jahre alt und wollte abends einfach nicht alleine in seinem Bett bleiben und einschlafen. Statt beim Einschlafen neben ihm zu liegen, woran er sich gewöhnt hatte, begannen seine Eltern mit einer langsamen Entwöhnung ihrer Nähe. Zuerst saßen sie jeden Abend vor Fabians Bett auf der Erde und warteten so lange, bis er eingeschlafen war. Nach einiger Zeit vergrößerten sie den Abstand und setzten sich mit einem Buch oder einer Zeitung in die offene Kinderzimmertür, bis er schlief. Später zogen sie die Tür ein Stück zu, sodass er sie nicht mehr sehen, sondern nur noch hören konnte. Fabian gewöhnte sich so Schritt für Schritt an das Alleinsein beim Einschlafen. Nach einigen Wochen fand er es ganz normal, dass seine Eltern nicht im Zimmer blieben, wenn er einschlafen sollte.

 ## Schlechte Träume überlisten

Manche Kinder brauchen nachts ein Hilfsmittel gegen schlechte Träume und Ängste, die als Bewältigung des vorhergegangenen Tages bei jedem Kind früher oder später einmal auftreten können. Ein kleines Nachtlicht kann Trost spenden, ein spezieller magischer Gegenstand, der unter dem Kopfkissen für ruhigen Schlaf sorgt oder ein beschützendes Stofftier.

Ein eigenes Nachtgespenst, das die anderen Gespenster vertreibt, die besondere Blume auf der Fensterbank, die für eine gute, freundliche Atmosphäre sorgt, oder ein geheimnisvolles Zeichen am Fenster, an dem die bösen Geister aus dem Zimmer austreten können. Hilfreich ist manchmal auch eine kleine Kiste unter dem Bett, in der sich nachts die schlechten Träume sammeln, so dass sie morgens gemeinsam mit den Eltern aus dem Fenster geschüttet werden können und damit verschwunden bleiben.

Frank (4) wachte nachts immer mal wieder auf und rief dann voller Angst nach seiner Mutter. Er war sich ganz sicher, dass ein wilder Tiger sich hinter dem Schrank in seinem Zimmer versteckt hatte. Es half nicht, dass seine Mutter ihm versicherte, da sei kein Tier. Kaum hatte sie das Zimmer verlassen, bekam Frank schon wieder Angst. Die Mutter entschied also, seine Ängste ernst zu nehmen. Wenn Frank nun wieder von dem Tiger hinter dem Schrank erzählte, bat sie ihn sich zur Sicherheit unter seiner Decke zu verstecken. Dann rumpelte sie ein bisschen mit der Schranktür, rief: „Hab' ich dich!" und öffnete das Fenster. Mit den Worten: „Raus mit dir, bei meinem Sohn im Zimmer hast du nichts zu suchen!" machte sie das Fenster wieder zu. Dann durfte Frank unter der Decke hervorkommen. Er war sich nun sicher, dass der Tiger nicht mehr hinter dem Schrank war. Nun konnte er ruhig weiterschlafen. Seine Mutter wandte das für einige Zeit jeden Abend lang an, damit Frank nachts nicht wach wurde und sich ängstigte. Nach wenigen Wochen war dies nicht mehr notwendig, denn Frank selber war plötzlich klar, dass es keinen Tiger in seinem Zimmer geben konnte.

Wenn Kinder Angst vor bösen Tieren, Zwergen oder Gestalten in ihrem Zimmer haben, dann hilft es oft, diese mit Bestimmtheit zu packen und aus dem Fenster zu werfen. Danach wird das Fenster gut und sichtbar verschlossen, damit sich keine Gestalt mehr in das Zimmer begeben kann. „Vernünftige" Gründe, die erklären, warum kein fremdes Wesen im Raum sein kann, sind oftmals für Kinder nicht akzeptabel.

Die Entwicklung von Ritualen beim Einschlafen hilft Kindern sich wohler, beschützter und sicherer zu fühlen. Mehr Kontrolle lässt sie aktiv statt passiv sein und Handlungen vollbringen, die ihre Hilflosigkeit und Machtlosigkeit verringern. Gerade Kinder zwischen drei und sieben Jahren befinden sich in einem besonderen Zustand, der das magische Alter genannt wird. Sie glauben an den direkten Zusammenhang zweier Ereignisse, und haben noch nicht das logische Denken von Erwachsenen entwickelt. Sie entwickeln zum einen Ängste, die von Erwachsenen nicht nachvollzogen werden können, da es zum Beispiel Monster ja gar nicht gibt. Zum anderen lassen sie sich jedoch auch mit rituellen Handlungen beruhigen, die von Erwachsenen ebenso wenig für sich und ihre Sichtweise der Welt akzeptiert werden können.

„Kinder im magischen Alter (3–7 Jahre) glauben, es bestehe ein kausaler Zusammenhang zwischen zwei Ereignissen, aus dem einfachen Grund, weil sie sich gleichzeitig oder nacheinander ereignen. Es glaubt beispielsweise, Gott sei dafür verantwortlich, dass es sein Knie anstieß, weil es nicht seine Jacke wie von der Mutter gefordert, angezogen hat."[3]

Diese Sicht der Dinge macht es möglich, dass Rituale bei Kindern enorm wirksam sind. Sie glauben fest und ohne Zweifel an die Möglichkeit von Zusammenhängen, die ein Erwachsener als unlogisch abtun würde.

Matthias (7) konnte nachts nicht alleine in seinem Bett liegen, weil er Angst hatte, dass ein böser Riese ihn dann überwältigen würde. Jede Nacht schlief er bei seinen Eltern, die diesen Zustand nur zu gerne wieder abgeschafft hätten. Ein Ritual, das allen Beteiligten geholfen hat, wirkte mit der

---

3   Aus: Rituale in Familie und Familientherapie, Evan Imber-Black / Janine Roberts/Richard A. Whiting, Car-Auer-Verlag 1995

Hilfe eines seiner Stofftiere, einem Elefanten. Matthias wurde von seinen Eltern einige Male gesagt, dass der Elefant sehr stark wäre und alles aushalten würde, auch böse Riesen könne er vertreiben. Matthias sollte sich dann überlegen, wo der Elefant am besten platziert werden solle, um einen Eindringlich sofort zu verscheuchen. Verspürte Matthias Angst, solle er den Elefanten boxen oder knuffen, bis er sich sicherer fühle. Die Eltern versicherten ihm nachdrücklich, dass dies dem Elefanten überhaupt nichts ausmachen würde aufgrund seiner besonderen Stärke. Im Gegenteil, er wolle Matthias unbedingt beschützen. Matthias wurde dann noch eine Belohnung angeboten, falls er es schaffe, eine Nacht in seinem eigenen Bett zu verbringen. Diese Motivation und die Hilfe seines Elefanten bewirkten, dass Matthias seine Angst unter Kontrolle bekam und in seinem Bett schlief.

So wie Matthias selber entschied wo der Elefant sitzt, so kann jedes Kind an der Entwicklung von Ritualen beteiliget werden. Vielleicht stärkt es ein ängstliches Kind, wenn es selber entscheidet, an welcher Stelle im Zimmer sein Bett stehen soll und in welcher Reihenfolge die Puppen auf dem Regal sitzen. Kinder haben für schwierige Situationen oft schon selbst kleine Rituale entwickelt, die sie mit Hilfe der Eltern wirksam ausbauen können. Es lohnt sich, danach zu fragen.

Es gibt keine allgemeingültigen Regeln, nach denen alle Kinder gleich gut einschlafen. Wie alle Menschen sind auch Kinder sehr unterschiedlich in ihren Bedürfnissen und Wünschen. Aus diesem Grund sollten sie bei der Wahl eines geeigneten Einschlafrituals nach ihren Vorstellungen und Vorlieben befragt und ihre Antworten ernst genommen werden.

„Heile, heile, Segen ..."
Krankheiten und Verletzungen
ernst nehmen

Kranke Kinder werden häufig als anstrengend erlebt. Sie sind oft ungeduldig, quengelig, unzufrieden und fühlen sich einfach rundum nicht wohl. Ein krankes Kind bringt den Tagesablauf einer Familie fast immer durcheinander. Zum einen sind natürlich die Sorgen belastend, die Eltern sich um ihre Kinder machen. Besonders bei jungen Patienten, die noch nicht genau sagen können, wo ihnen etwas weh tut, bedeutet Krankheit nicht nur ein Mehr an Organisation und Fürsorge, sondern auch eine hohe emotionale Belastung.

Zum anderen wird der sorgfältig strukturierte Tagesplan einer Familie umgeworfen. Ein Elternteil muss zu Hause bleiben, vielleicht wird eine Oma herbeigerufen, Geschwister müssen versorgt werden, ein Arztbesuch eingeschoben und die Medikamente besorgt werden, während das kranke Kind Ruhe und Geborgenheit verlangt, ohne die es nicht richtig genesen kann. Ganz zu schweigen von den meist anstrengenden, durchwachten Nächten, in denen das Fieber gestiegen ist, die Ohrenschmerzen schlimmer wurden oder der Husten ein Durchschlafen verhindert hat, so dass auch die Eltern unausgeruht und überanstrengt sind. Jedes Ritual, das in solchen Situationen Ruhe, Geborgenheit und Entlastung verspricht, ist hilfreich. Es beruhigt nicht nur das Kind, auch die Eltern profitieren davon und werden gestärkt.

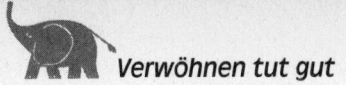

Marcel (6) findet es nicht schlimm, wenn er krank ist. Natürlich klagt er auch über Schmerzen, jammert, wenn er Fieber hat, und kommandiert gerne die ganze Familie herum. Er weiß aber auch, dass er bei einer starken Erkältung oder einer Kinderkrankheit immer ganz besonders verwöhnt wird, und das genießt er. Am meisten liebt er es, dass er sich aussuchen kann, bei wem er schlafen möchte. Obwohl Marcel normalerweise in seinem eigenen Bett schläft, darf er im Krankheitsfall Mama oder Papa aus dem Ehebett „verdrängen". Der ausgewählte Elternteil setzt sich dann schon beim Einschlafen neben Marcel und liest dort so lange, bis das Kind eingeschlafen ist. Hat Marcel in der Nacht Schmerzen, wird er vom Husten wach oder steigt das Fieber, so ist immer gleich ein Elternteil da, das sich um ihn kümmert und ihn beruhigt und versorgt. Dieses Ritual beruhigt auch die Eltern, denn so sind sie sicher, dass sie sofort merken, wenn es Marcel schlechter geht.

Krankheiten, Schmerzen und Unwohlsein müssen ernst genommen werden, sowohl bei Erwachsenen als auch bei jungen Menschen. Das kranke Kind sollte mit seinen Schmerzen oder seinem Unbehagen versorgt und gepflegt werden, damit der Gesundheitszustand so schnell wie möglich wieder eintritt und die gesamte Familie zu ihrem normalen Tagesablauf zurückkehren kann. Kranke Kinder brauchen das Gefühl, dass die Erwachsenen genug Zeit für sie haben. Die psychologische Unterstützung ist ein wichtiger, wenn nicht der wichtigste Aspekt bei Krankheitsritualen.

Ein Kind will ernst genommen werden in seinem Schmerz und seiner Krankheit. Auch wenn objektiv nicht viel passiert ist, zum Beispiel nur eine Schürfwunde am Knie oder ein Kratzer am Arm, dennoch macht das Kind eine grundlegende Erfahrung. Je eher Erwachsene es ernst nehmen und seine Tapferkeit loben, umso schneller wird es seine Verletzung wieder vergessen.

Ignorieren Eltern jedoch die kleinen Verletzungen und Krankheiten ihrer Kinder immer wieder, so wird das Kind selber später Schwierigkeiten haben, seine Krankheiten zu akzeptieren und sie zu überwinden oder sie richtig in ihren Dimensionen einzuschätzen.

Es gibt viele Möglichkeiten einem kranken Kind zu helfen, seine Schmerzen zu lindern und seine Ängste zu verringern. Massagen empfinden Kinder als sehr angenehm, entweder mit Gegenständen wie beispielsweise einem Igelball oder mit den Händen. Sie spüren, wie sich die massierten Stellen erwärmen und entspannen und genießen den Körperkontakt zu ihren Eltern. Besonders der Bauch ist bei Krankheiten eine empfindliche Region, die liebevoll gestreichelt und gewärmt werden möchte. Wichtig ist es, die Kinder zu fragen, denn sie wissen oft selbst sehr gut, was ihnen hilft und gut tut.

Anna lernte mit 5 Jahren Fahrrad fahren. Dabei stürzte sie oft und verlor bald die Lust, denn sie war noch etwas ungeschickt, und die kleinen Schürfwunden und Verletzungen trugen nicht dazu bei, dass ihre Motivation stieg. Eines Tages entdeckte sie beim Einkaufen besonders schöne Kinderpflaster mit bunten Motiven. Annas Mutter kaufte die Pflaster, erklärte jedoch, dass sie nur bei wirklichen Verletzungen benutzt werden dürften. Nun traute Anna sich wieder aufs Fahrrad. Immer wenn sie stürzte und sich eine kleine Schürfung zuzog, zeigte sie diese stolz ihrer Mutter und verlangte ein Pflaster. So lernte Anna Rad fahren, die Kinderpflaster hatten ihre Motivation geweckt.

In manchen Familien gibt es auch ein besonderes Vorlesebuch, eventuell eines, das die Eltern selber als Kind hatten, das nur bei diesen besonderen Gelegenheiten vorgelesen wird.

Ein Kind sollte erleben, dass Krankheit auch gute Seiten hat, dass es verwöhnt wird, Dinge bekommt, die es normalerweise nicht bekommt. Die Krankheit wird als Zeit besonderer Zuwendung empfunden, damit das Kind schneller gesund werden kann.

Natürlich muss immer abgewogen werden, wie schlimm eine aktuelle Krankheit wirklich ist. Die Relationen müssen stimmen, denn ein Kind, das beim kleinsten Husten nicht in die Schule muss und den ganzen Tag im Bett liegen darf, verwöhnt wird und Genesungsgeschenke bekommt, das wird recht schnell wieder husten und die damit verbundenen Annehmlichkeiten einfordern, obwohl es nicht wirklich krank ist.

Trotzdem wird es Tage geben, an denen fühlt sich ein Kind morgens nicht so gut und möchte zu Hause bleiben. Nach ein bis zwei Stunden wird jedoch deutlich, das dem kleinen Schüler oder dem Kindergartenkind gar nichts fehlt. In solchen Fällen sollte man gemeinsam mit dem Kind über den „geschwänzten" Tag reden, es selber einschätzen lassen, ob es nun zu Recht oder zu Unrecht zu Hause geblieben ist. Beim nächsten morgendlichen Unwohlsein können Eltern dann die Entscheidung meist dem Kind selbst überlassen, ob es zur Schule oder in den Kindergarten gehen kann. Es wird sehr ernsthaft prüfen, ob es sich wirklich krank fühlt und zu Hause bleiben sollte, weil es selber die Verantwortung für die Entscheidung trägt.

Meist können Eltern aber sehr gut einschätzen, ob es ihrem Kind wirklich schlecht geht, oder ob es nur simuliert, um etwas damit zu erreichen.

Julian (7) hatte schlechte Zähne. Er musste schon einen Teil seiner Milchzähne vom Zahnarzt ziehen lassen. Trotzdem plagten ihn ab und zu Zahnschmerzen. Gemeinsam mit seinem Vater entwickelte er ein Ritual, bei dem sie jedes Mal, wenn er Schmerzen hatte, Seifenblasen in die Luft bliesen und den Schmerz darin einpackten. So schickten sie seine Zahnschmerzen auf eine lange Reise, von der sie nie zurückkehren sollten.

Bei jedem Krankheitsritual sollte der gleiche Ablauf beibehalten werden, denn gerade im Kranksein sind das verlässliche Handeln und die rituellen Handlungen wohltuend und beruhigend, was den Heilungsprozess positiv beeinflusst. Viele Eltern benutzen automatisch Worte wie „alles wird wieder gut", „die Engel oder Schutzengel holen den Schmerz zu sich", bekannte Sprüche wie „heile, heile Gänschen …", Lieder oder Reime, die dem Kind geläufig sind und es von seinem ersten Schock oder Schmerz ablenken. Beim Versorgen von kleinen Wunden benutzen sie spezielle Kinderpflaster, die mit ihren bunten Farben und lustigen Motiven von dem Wundschmerz ablenken. Ist solch ein Kinderpflaster nicht zur Hand, kann man auch ein normales Pflaster nehmen und mit bunten Filzstiften Gesichter darauf malen.

 *Appetitlosigkeit und Langeweile*

Zu einem beliebten Krankheitsritual zählt, dass das kranke oder verletzte Kind sich wünschen darf, was es zu Essen bekommt. Ein besonderes Gericht, das es nicht jeden Tag gibt, das Lieblingsmenü des Kindes, das es schnell wieder auf die Beine bringen soll. Auch bestimmte Mitbringsel, wie Märchenkassetten, die wunderbar im Bett zu hören sind, oder „Heftchen", die die Zeit der Genesung verkürzen sollen, gehören in vielen Familien zum rituellen Ablauf einer Krankheit beziehungsweise zum Gesundwerden. Manchmal kommt bei Krankheiten die Großmutter oder ein anderer Verwandter vorbei und nimmt sich Zeit, den Kindern etwas vorzulesen oder zu erzählen. Vielleicht bringt der Vater einen besonderen Saft oder spezielle Kekse mit, die noch Jahre später in der Erinnerung mit dem Kranksein verbunden werden. Oder das kranke Kind darf sich aussuchen, in welchem Bett es tagsüber liegen möchte und wo es seine Nächte verbringt.

Lisa war fünf Jahre alt, als sie Keuchhusten bekam. Anfangs musste sie eine Weile zu Hause bleiben, sich schonen und durfte nicht in den Kindergarten gehen. Sie fühlte sich von dem ständigen Husten schlapp und müde, besonders weil sie in den Nächten nicht durchschlafen konnte. Trotzdem langweilte Lisa sich und konnte es nicht abwarten, endlich wieder ihre Freundinnen zu sehen. In ihrem Zimmer fühlte sie sich einsam, so dass sie ihr Krankenlager im Wohnzimmer aufschlug, wo sie mitten im Geschehen war und den Kontakt zu ihren Eltern und Geschwistern halten konnte. Vormittags, wenn ihre Geschwister in der Schule und ihr Vater bei seiner Arbeit war, legte sich Lisas Mutter regelmäßig ein Stündchen zu ihrer Tochter aufs Sofa und beide schliefen ein wenig, um sich von den Anstrengungen der Hustennacht zu erholen. Diese Stunde gab sowohl Lisa als auch ihrer Mutter wieder Kraft und Energie, so dass sie sich beide besser fühlten. Das Mittagsschläfchen im Wohnzimmer wurde zu einem Ritual, das bei Krankheiten von allen Familienmitgliedern gerne und regelmäßig genutzt wurde.

 *Geschichten und Märchen*

Krankheitslindernde Hilfsmittel sollten spielerisch gestaltet werden. Eine Wärmeflasche in Tierform, bunte Tücher als Wadenwickel, lustige Bettwäsche, Hustensaft auf einem lustigen, bunten Löffel oder ein sprechendes Fieberthermometer nehmen dem Kind die Angst und der Krankheit seine bedrohliche Dimension.

Ein wunderbares Beispiel für den spielerischen Umgang mit Krankheit sind die Clown-Doktoren. Das ist eine Gruppe von Clowns, die in Krankenhäusern einiger Städte in Absprache mit den Ärztinnen und Ärzten in den Kinderabteilungen regelmäßig in lustiger Kostümierung auftauchen und die oft sehr

kranken kleinen Patienten aufheitern. Zu Hause wirkt diese Therapie natürlich auch, und ein immer bei Krankheit auftauchender Clown, vielleicht der verkleidete Papa, wird bald nicht mehr aus den Kinderkrankenzimmern wegzudenken sein. Ebenso hilfreich können kleine lustige Geschichten sein, die Kinder aufheitern und von ihren Schmerzen ablenken.

Timo hatte im Alter zwischen zwei und acht Jahren oft schmerzhafte Mittelohrentzündungen, die ihn und seine Eltern hauptsächlich nachts quälten und um den Schlaf brachten. Bis die Medikamente zu wirken begannen, dauerte es meist 20 bis 30 Minuten, die nur schleichend vergingen, da Timo viel weinte und sich das schmerzende Ohr hielt. Neben beruhigenden Liedern, die seine Eltern ihm mitten in der Nacht vorsummten, entstand eines Tages die erste Geschichte des kleinen Bären Filo, der immer wieder von Ohrenschmerzen geplagt wurde. Timo hörte gespannt zu und wurde von seinen Schmerzen abgelenkt, bis die Medikamente wirkten und er einschlafen konnte. Filo wurde mit der Zeit ein treuer Begleiter bei Krankheiten aller Art. Er bekam Erkältungen, wenn Timo hustete, zog sich Abschürfungen zu, wenn Timo gefallen war, hatte ebenfalls Angst vor dem Kindergarten, bekam ein Brüderchen und lernte gemeinsam mit Timo das Lesen. Und als die Zeit der Mittelohrentzündungen mit acht Jahren endlich vorbei war, war Filo ein unverzichtbares Familienmitglied geworden, hatte in Form eines Plüschbären Gestalt angenommen und einen festen Platz unter Timos Kuscheltieren bezogen. Timo ist inzwischen 12 Jahre alt. In schwierigen Situationen, wenn es ihm schlecht geht oder er Probleme wälzt, kommt er hin und wieder immer noch zu seinen Eltern und möchte eine kleine Geschichte von Filo hören.

Kuscheltiere

Viele Kinder ziehen bei Krankheiten Trost und Erleichterung aus ihren Kuscheltieren oder Puppen. Die Tiere haben dann die gleiche Krankheit, werden hingebungsvoll verarztet, bekommen riesige Spritzen und bittere Pillen. Das Kind selber muss tapfer sein, weil das Kuscheltier zuschaut, wenn es vom Arzt untersucht wird oder eine unangenehme Medizin schlucken soll.

Ein Kuscheltier, das dem Kind helfen soll, muss bestimmte Eigenschaften erfüllen. Es sollte nicht das liebste Tier des Kindes sein, da es ihm ja unter Umständen auch Schmerzen zufügen wird, beispielsweise beim Setzen einer Spritze. Weiterhin muss das Tier stark und unverwüstlich sein, denn das Kind muss das Kuscheltier auch knuffen, boxen oder hauen dürfen, wenn es sich danach fühlt. Dies sollte dem Kuscheltier nichts ausmachen. Die meisten Kinder wissen schon sehr genau, welches Kuscheltier sie haben möchten, unter Umständen muss für dieses Ritual auch ein neues angeschafft werden, da ihm alle seine vertrauten Gefährten zu lieb dafür sind. Die Kinder müssen ebenfalls an der Entwicklung der rituellen Handlung beteiligt werden. Es soll selber entscheiden, ob es ihm mehr hilft, wenn es das Stofftier in die Luft wirft oder es als Kopfkissen benutzt.

Beispielsweise kann das kranke Kind seinen Kopf an den Kopf des Tieres legen, um ihm seine Kopfschmerzen abzugeben. Bei diesen Ritualen ist wichtig, dass das Stofftier immer in der Nähe des kranken Kindes ist, damit dieses es sofort zur Hand hat, wenn es gebraucht wird. Diese Rituale sollten während der Krankheit eines Kindes von den Erwachsenen immer wieder unterstützt werden, damit sie ihre beruhigende und heilende Wirkung entfalten können. Dabei ist er notwendig, dass die Erwachsenen dem Kind nicht versprechen, die Schmerzen würden verschwinden, sondern sie würden weniger werden.

Wenn Nicole (6) eine Erkältung hatte, fühlte sie sich sehr schlecht, klagte über Kopf- und Gliederschmerzen und Verspannungen im Nacken. Immer wenn es ihr besonders schlecht ging, griff sie zu ihrem Pony und drückte ihre Stirn an seine. Dabei sagte sie einen selbst erfundenen Zauberspruch auf und atmete langsam ein und aus. Während des Sprechens fühlte sie sich bereits besser, denn sie war davon überzeugt, dass dieses rituelle Vorgehen die Schmerzen auf das Pony übertragen würde, das sie viel besser und ohne Schaden verkraften konnte. Das Pony zählte ansonsten nicht zu ihren Lieblingstieren und hatte seinen Platz in der hinteren Reihe der Kuscheltiere. Nur bei Krankheiten wurde es herausgeholt und erfüllte treu seine Dienste.

 *Kraft schöpfen*

Wichtig ist es, auch dem Vater seinen Platz im Ritual zu geben. Zum einen erhält die Mutter so eine Entlastung, zum anderen merkt das Kind, dass der Vater trotz seiner Arbeit noch Zeit und Muße hat, um sich zu kümmern. Manchmal genießen es Kinder sehr, wenn der Vater den Arzt spielt, das kranke Kind untersucht, die Abendgeschichte vorliest und die Medikamente verabreicht. Besonders im Krankheitsfall soll eine greifbare Nähe geschaffen werden zwischen Eltern und Kind.

Auch die Arbeitsteilung zwischen Vater und Mutter kann zu einem Ritual werden. Es ist hilfreich, wenn beide wissen, welche Rolle sie bei einer Erkrankung des Kindes spielen. Wer bleibt zu Hause, wer kocht, wer geht mit dem Kind zum Arzt, bei welchem Elternteil schläft das Kind.

Wenn Uta (8) krank war, dann war es unbedingt notwendig, dass ihr Vater abends nach der Arbeit noch an ihr Bett kam und mit einem ganz besonderen Ritual den Heilungsprozess unterstützte. Er nahm das fiebernde Kind ganz fest an der Hand, streckte seinen Arm lang aus und schickte all seine Gesundheit über Utas Hand und ihren Arm in den Körper des kleinen Mädchens. Dabei erzählte er, was er tat. Er begleitete diese Energie mit seinen Worten, schickte sie durch den Bauch, den Kopf, die Beine und Füße, bis das ganze Kind von der gesunden Vorstellung erfüllt war. Dieses Ritual hatte sicherlich vorwiegend eine psychische Wirkung, die aber so beeindruckend war, dass Uta viele Jahre lang bei Krankheiten die Anwesenheit ihres Vaters und die Anwendung dieses heilenden Rituals verlangte. Und wurde Uta danach gefragt, dann bestätigte sie, dass die Windpocken weniger juckten, der Kopf nicht mehr so heiß war und der Husten schon viel weniger geworden sei.

Kinder haben oft Angst vor dem Besuch beim Arzt. Manchmal wissen sie nicht, was sie erwartet, manchmal können sie sich noch gut an die letzte unangenehme Spritze erinnern. Es ist daher einsichtig, dass sie gewisse Vorbehalte gegen eine bevorstehende Untersuchung haben. Eine gute Aufklärung bewirkt zumindest, dass Kinder wissen, was auf sie zukommt. Oft hilft gegen die größte Abwehr schon, wenn dem kleinen Patienten Belohnung für seine Überwindung in Aussicht gestellt wird. Natürlich kann auch hier das Kuscheltier Angst nehmen und für ein Rollenspiel benutzt werden.

> Suki (5) war Arztbesuchen gegenüber immer misstrauisch eingestellt. Entweder ging es ihr sowieso schon schlecht, wenn sie zum Arzt musste, oder es wurde irgendeine unangenehme Untersuchung gemacht, die sie ebenfalls nicht leiden konnte. So gab es schon im Vorfeld große Widerstände, die ihre Eltern überwinden mussten, damit Suki friedlich mitkam. Sie beschlossen daher, regelmäßig nach einem Arztbesuch mit ihrer Tochter ein Eis essen zu gehen und noch etwas durch die Stadt zu bummeln, falls das Kind nicht zu krank dafür war. So schufen sie eine positive Verknüpfung für ihre Tochter, die den unangenehmen Arztbesuch von da an ertrug, weil sie hinterher etwas hatte, worauf sie sich freuen konnte.

Natürlich wird dieses Vorgehen erst zum Ritual, wenn nach jedem Arztbesuch auch wirklich immer das gleiche getan wird. Nur eine ständig gleich ablaufende Handlung, nämlich das gemütliche Eisessen nach dem Kinderarztbesuch, vermittelt Suki Sicherheit und Halt, die sie braucht, um sich vor der Untersuchung nicht mehr so sehr zu fürchten.

„Scheiß, Kack, Piss-Papa!"
Trotz und Wut einen Platz zugestehen

Gerade Kinder im Kindergartenalter und der Grundschule brauchen eine Möglichkeit, ihren Trotz und ihre Wut auszuleben. Natürlich soll dabei niemand zu Schaden kommen, es müssen also Wege gefunden werden, bei denen ein Abbau der Wut ermöglicht wird, ohne bei anderen Kindern oder Erwachsenen Schaden oder Verletzungen anzurichten. Dies ist besonders in der Kindergruppe wichtig, denn hier gelten andere Regeln als zu Hause, wird von den Kindern mehr Rücksicht und Sorgfaltspflicht erwartet. Auch Gegenstände sollten nicht zerstört werden, die Wut muss also einen Kanal finden, wo sie effektiv und ohne Folgen ausagiert und abgebaut werden kann.

Trotz- und Wutrituale, die genau hier helfen, sollten im Alltag eingeübt werden, damit sie später in der aktuellen Situation für die Kinder abrufbar und griffbereit sind. Kein Kind ist in der Lage, mitten in einem Wutanfall umzuschalten und statt wütend gegen die Wand zu treten plötzlich die Anwendung eines bisher unbekannten Rituals zu praktizieren. Es ist also sinnvoll mit den Kindern schon früh spielerisch den Abbau von Wut, Zorn und Trotz mittels eines Rituals einzuüben.

Florian ist fünf Jahre alt und streitet sich oft und heftig mit seinem zwei Jahre älteren Bruder Leo. Oft kann er selber nicht sagen, warum er nun wieder so wütend auf ihn ist und ihn gekniffen oder getreten hat. Ein aktueller Anlass scheint nicht gegeben zu sein, vielmehr ist das Streiten an sich eine Möglichkeit für den jüngeren Bruder, sich dem großen Bruder gegenüber zu behaupten. So reagiert er wenigstens auf ihn und nimmt ihn Ernst. Florian ist selber nach dem Streit aber immer ganz unglücklich, er weint und fragt seine Mutter, ob er ein schlechtes Kind sei.

In dieser Situation kam der Teufel ins Spiel. Florians Mutter erklärte ihrem Sohn, dass in ihm, wie in jedem Menschen, ein kleines Teufelchen wohne, das manchmal Sachen mache, die Florian gar nicht wolle. Der Teufel würde eben gerne streiten, wie Teufel das nun mal tun, und es sei schwer, sich immer dagegen zu wehren. Mit der Zeit würde er es aber sicher lernen. Florian fühlte sich mit dieser Erklärung sichtlich erleichtert. Künftig holte er bei vielen Streitigkeiten mit seinem Bruder oder seinen Freunden einen Spielzeugteufel aus der Kiste und ließ ihn die bösen und wütenden Dinge sagen, die ihm auf der Seele lagen. Anschließend schimpfte Florian selber mit dem Teufel, dass er ungezogen und böse sei und nun wieder zur Strafe in die Kiste zurück müsse. Manchmal bestrafte er ihn sehr heftig, schmiss ihn in eine Ecke oder trat ihn sogar. Dieses Ritual ermöglichte Florian, seiner Wut einen Weg zu bahnen. Er musste nicht mehr andere Kinder treten, sondern konnte diese Gefühle an dem bösen Teufelchen auslassen, das sich ja nicht wehren konnte und letztlich von der schlechten Behandlung auch keinen Schaden davontrug.

Geschwister streiten sich manchmal gerne und lautstark. Sie kennen dabei wenig Hemmungen und können sich gegenseitig bis zur Raserei treiben. Den Zorn auf den Bruder oder die Schwester nicht gleich an dessen Schienbein oder den Haaren abzureagieren müssen alle Kinder erst lernen. Hier ist es die Aufgabe der Eltern, regulierend und gerecht auf die Streitereien einzugehen und den Kindern Wege aufzuzeigen, wie und wo sie ihre Wut abreagieren können, bevor die Ursache des Streites in einem „abgekühlten" Zustand in Ruhe besprochen werden kann.

Häufig entsteht Geschwisterstreit durch Eifersucht. Die Kinder haben nun mal nur eine Mutter und einen Vater, die sich nicht zerteilen können. Manchmal braucht ein Kind mehr Unterstützung als das andere, manchmal sind Eltern auch wirklich ungerecht, weil sie eben auch nur Menschen sind.

Es ist fast unmöglich Geschwister immer gleich und gerecht zu behandeln. Man müsste jede Minute der Zuwendung notieren, jedes Geschenk auf den Pfennig genau vermerken und bei Streitigkeiten immer anwesend sein, um überhaupt in der Lage zu sein, eine Entscheidung über Schuld und Unschuld zu treffen. Es ist für Kinder durchaus gesund, sich auch einmal ungerechten Situationen zu stellen und sie auszuhalten. Sie lernen dabei, dass Ungerechtigkeit nicht unbedingt absichtlich geschieht, sondern ein Teil des Lebens ist, da niemand perfekt sein kann. Dieses Training ist wichtig, denn schließlich werden sie in der Schule und auch im späteren Berufsleben immer wieder einmal Ungerechtigkeit ertragen müssen. Die alltägliche Ungerechtigkeit darf jedoch nicht dazu führen, dass Kinder sich ungeliebt und abgelehnt fühlen. Sie brauchen ihren Platz in der Familie und die Sicherheit, so wie sie sind geliebt und akzeptiert zu werden.

Isabella (4) und Richard (5) forderten die ganze Aufmerksamkeit ihrer Mutter, da beide Kinder sehr verschieden waren und sich ständig stritten. Im Kampf um die Zuwendung ihrer Mutter beobachteten sie sich häufig, um dann weinend festzustellen, dass wieder das Geschwisterkind länger schmusen durfte oder aus seinem Lieblingsbuch viel öfter vorgelesen wurde. Immer hatten sie das Gefühl zu kurz zu kommen. Je mehr sie ihre Mutter bedrängten, umso nervöser wurde sie und umso häufiger schimpfte sie mit den kleinen Quälgeistern. Die Mutter fühlte sich zerrissen und hatte das Gefühl, es keinem Kind mehr recht machen zu können. Schließlich setzte sie sich mit den beiden Kindern zusammen und gemeinsam entwickelten sie einen Plan, nach dem es allen besser gehen sollte. Jedes Kind bekam seine eigene halbe Stunde am Tag, in der es mit der Mutter tun durfte, was es wollte. Da Isabella noch einen Mittagsschlaf hielt, wenn sie aus dem Kindergarten kam, war in dieser Zeit eine halbe Stunde ganz allein für Richard reserviert. Im Gegenzug dazu musste er abends vor dem Schlafengehen seiner Schwester ebenfalls eine halbe Stunde Zeit mit der Mutter zugestehen. Beide Kinder versprachen sich künftig weniger zu streiten, denn hatte die Mutter sich sehr über die Geschwister geärgert, „durfte" sie die gemeinsamen Zeiten streichen. Von dieser Regelung profitierten alle, und das Ritual wurde fast ein Jahr lang eingehalten, bis Richard in die Schule kam und von selber auf seine halbe Stunde verzichtete.

 *Wut über ungerechte Behandlung*

In jeder Familie gibt es andere Grenzen und Gesetze, so dass immer wieder individuell geklärt werden muss, welche Möglichkeiten des Wutabbaus sinnvoll sind. Geht es in einer Familie immer sehr laut zu, reicht ein Türe knallen wie im folgenden Beispiel vielleicht gar nicht aus, und es muss zu gewaltigeren Mitteln gegriffen werden. Eine Möglichkeit des Abbaus von Wut oder Trotz ist das kräftige Stampfen mit den Füßen auf die Erde. Zur Verstärkung kann das Kind dazu auch schreien oder laute Beschimpfungen rufen. Im Spiel mit seinen Stofftieren, Puppen oder Legomännchen kann das Kind dieses Verhalten schon früh ausprobieren, ohne wirklich aktuell wütend zu sein.

Per (5) kommt aus dem Kindergarten nach Hause und hat sich über seine Erzieherin geärgert, weil dies ihn ausgeschimpft hat. Er hatte gemeinsam mit zwei Freunden einen Streich ausgeheckt, den Ärger der Erzieherin hat jedoch er alleine abbekommen. Per ärgert sich furchtbar über diese Ungerechtigkeit, und seine Mutter erlaubt ihm deshalb, zu Hause dreimal kräftig die Türen zuzuknallen und ein sonst verbotenes Schimpfwort laut zu rufen, damit die Wut raus ist und er sie nicht mehr fühlt im Körper. Immer wenn Per so richtig wütend ist, darf er das tun.

Per hilft dieses Ritual, weil es in seiner Familie nicht üblich ist, Türen zu knallen und Schimpfwörter zu benutzen. Die Erlaubnis seiner Mutter, genau diese Dinge zu tun, gibt ihm das Gefühl, ernst genommen zu werden. Ein anderes Kind aus einer gegensätzlichen Familie braucht vielleicht andere Handlungen, um sich zu beruhigen.

Manche Kinder mögen es, die Wut aus dem Körper heraus zu schütteln. Dabei fangen sie mit den Händen, den Handgelenken an und schütteln sie so kräftig sie können. Dann nehmen sie die Arme dazu, den Kopf, die Beine und schütteln am Ende die Wut aus ihrem Körper heraus, bis keine mehr vorhanden ist.

Erleichternd ist es für viele Kinder, einen alten Teller zu zertrümmern, ein weiches Kissen zu schlagen oder ein bestimmtes Stofftier zu beschimpfen. Oft haben Eltern selber gut funktionierende Rituale, ihre eigene Wut abzubauen. Diese können sie den Kindern zeigen und ihnen anbieten, diese Rituale doch auch einmal auszuprobieren.

Wichtig ist auch hier, dass die Wut ihren Platz hat und zugelassen wird. Nur so kann sie abgebaut werden, aus dem Körper herausgelassen werden und das Kind nach einer Weile wieder ruhig und gelassen sein. Die Wut- und Trotzrituale müssen zu Hause erprobt und eingeübt werden, damit das Kind sie in einer entsprechenden Situation im Kindergarten oder auch auf dem Spielplatz schnell griffbereit hat und einsetzen kann.

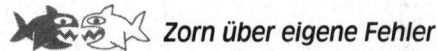 *Zorn über eigene Fehler*

Melanie (6) malt sehr gerne. Ihre eigenen hohen Ansprüche an ihre Bilder, ihr Perfektionismus, machen es ihr jedoch schwer, die gemalten Bilder auch als gelungen zu interpretieren. Immer wieder passiert es, dass ihr eine Farbe oder eine krumme Linie den Spaß am eigenen Bild verdirbt. Sie wird bei einem „Fehler" beim Malen dann so wütend, dass sie das Bild schnell zerreißt oder zerknüllt. Wenige Minuten später bereut sie das, denn das Bild hat viel Zeit gekostet und war doch nicht so missraten, wie Melanie meinte. Ein erprobtes Ritual hilft ihr, die Wut beim Malen etwas zurückzustellen, so dass sie mehr Zeit hat zu überlegen, ob sie dieses Bild wegwerfen will oder noch weiter daran malt. Wenn Melanie sich vermalt, nimmt sie einen Stift und drückt die Mine ganz fest auf ein Blatt Papier oder ihren Schreibtisch. Sie stellt sich dabei vor, dass ihre Wut aus dem Arm in die Hand und von dort aus auf das Papier fließt, so dass sich ihr Kopf und ihr Körper davon lösen können. Das gibt ihr etwas Zeit, um sich genau überlegen zu können, ob sie ihr Gemälde zerstört oder lieber weiter daran arbeitet.

Melanie hat sich dieses Ritual selber ausgedacht. Von ihrer Mutter bekam sie dazu noch eine dicke Schreibtischunterlage aus Gummi geschenkt, die solche wütenden Gefühle gut aushält. Zu Hause kann sie die neue Unterlage benutzen, in der Schule oder in ihrem Malkurs nimmt sie einfach ein Blatt Papier, um ihre wütenden Gefühle herausfließen zu lassen.

Zorn oder Wut entwickeln sich oft gegen Personen, die einen geärgert haben oder ungerecht waren. Zorn kann aber auch entstehen, wenn man sich gestoßen hat und eigentlich selber „schuld" ist. Obwohl es keinen Schuldigen gibt, den man für die Schmerzen verantwortlich machen kann, muss es trotzdem einen Kanal geben, in dem die ungewollten Gefühle abfließen können. So treten viele kleinere Kinder vor lauter Wut die Wand, an der sie sich verletzt haben. Natürlich wissen sie, dass die Wand keinen Schmerz empfindet, trotzdem verschafft es ihnen Linderung, wenn sie die Wand treten, oder ihre Eltern aus Rache kräftig dagegen hauen lassen. So verschaffen sie sich ein Gefühl der Befriedigung, das sie von ihren Schmerzen ablenkt.

Wütende Gefühle, Zorn auf einen Erwachsenen und Rachegelüste können auch ganz einfach in der Toilette fortgespült werden. Dazu malt oder schreibt das Kind seine Beschuldigungen und Gedanken auf einen kleinen Zettel, der über der Toilette zerrissen und dann im Klo in die Kanalisation gespült wird.

Philipp (4) hat einen Freund, der ihn manchmal furchtbar ärgert. Er kann sich dann gar nicht beruhigen und schimpft selbst abends vor dem Einschlafen noch. Um die lästigen Gedanken über die Nacht loszuwerden, malt Philipp dann mit wenigen Strichen ein Bild, auf dem seine Wut zu sehen ist. Dieses Gemälde zerreißt er dann und wirft die Papierschnitzel in den Mülleimer. Damit befreit er seine Gedanken von der Wut, so dass er ruhig einschlafen kann.

Genauso können solche Wutzettel auch im Garten vergraben oder auf einem kleinen „Scheiterhaufen" verbrannt werden. Eine dazu gesprochene Beschwörung oder ein Wutgedicht intensivieren die Wirkung noch, besonders wenn der Einbruch der Dunkelheit für dieses Ritual genutzt wird.

„Schön, dass du wieder da bist!"
Begrüßungsrituale drücken Freude aus

Es gibt viele Anlässe, bei denen wir begrüßt werden oder selber jemanden oder etwas begrüßen. Zu den klassischen Begrüßungsritualen gehört sicherlich der Blumenstrauß für die Gastgeberin oder die Frage nach einem Getränk für den Gast. Eindrucksvoll ist es auch jedes Mal am 31. Dezember, wenn wir das neue Jahr mit einem lauten Feuerwerk begrüßen. Wie merkwürdig wäre es, wenn an Sylvester keine Raketen in den Himmel steigen würden?

Ein Begrüßungsritual vermittelt dem Gast, dass er erwünscht ist. Es bedeutet Freude darüber, dass jemand da ist, und es zeigt Anerkennung für ein Ereignis. Durch ein Begrüßungsritual wird die Besonderheit der Person oder des Ereignisses vermittelt.

 *Abwesenheit der Eltern*

Manche Eltern, meist die Väter, arbeiten die Woche über in einer anderen Stadt und haben nur am Wochenende und in den Ferien die Möglichkeit, bei Ihrer Familie zu sein. Sowohl der Abschied von einem Elternteil als auch die Begrüßung bei der Wiederkehr haben eine große Bedeutung für die Kinder, da sie mit langen Zeiträumen von Trennung zu tun haben. Vorschulkinder entwickeln erst langsam ein Gefühl für die Zeit, sie können die Dauer von fünf Tagen noch nicht genau abschätzen, fragen immer wieder nach dem abwesenden Elternteil und haben Schwierigkeiten, sich den genauen Tag der Rückkehr vorzustellen.

Muriels (4) Vater arbeitete in einer entfernten Stadt und konnte nur am Wochenende bei seiner Familie sein. Die Vierjährige hatte Schwierigkeiten damit genau zu wissen, wann ihr Vater fort und wann er wieder zu Hause sein würde. Jeden Morgen fragte sie, ob Vater heute da sei. Um ihr die Zeiten seiner Abwesenheit etwas deutlicher zu machen, legte Muriels Vater jeden Montag, bevor er zu seiner Arbeitsstelle aufbrach, ein Stück Schokoladenkuchen auf den Frühstücksteller seiner Tochter. So fiel es dem Mädchen leichter, sich den Tag seiner Abreise zu merken. Gleichzeitig freute sie sich über ihren Lieblingskuchen, fühlte sich getröstet und litt nicht ganz so stark unter der Abwesenheit ihres Vaters.

Rituale helfen Kindern, sich den zeitlichen Ablauf der Trennungstage vorzustellen. Dienstag, Mittwoch und Donnerstag können nun beispielsweise mit je einem Telefonat in den Abendstunden mit dem abwesenden Elternteil gefüllt werden. Am Freitagmorgen dann wird z. B. schon das zusätzliche Gedeck auf den Frühstückstisch gestellt, um deutlich zu machen, dass nun der Tag der Rückkehr gekommen ist.

Pia war erst drei Jahre alt, als ihr Vater beruflich in das mehrere hundert Kilometer entfernte Nachbarwerk versetzt wurde. Ihr Zählen der verbleibenden Tage bis er heimkam wurde durch funkelnde Glasmurmeln erleichtert, die der Vater gemeinsam mit ihr Sonntagabend in ein Schälchen legte. Nach jedem Aufwachen legte sie eine Murmel in ein Kästchen und zählte auf diese Weise die Tage, bis der Vater wieder da war.

Es ist auch sinnvoll mit dem Kind ein kleines Tagebuch zu führen, in dem es jeden Tag etwas notiert, malt oder notieren lässt. Das wird dann dem rückkehrenden Elternteil in einer gemütlichen Kuschelstunde am Wochenende gezeigt, vorgelesen und bietet eine Grundlage, die Ereignisse der vergangenen Woche gemeinsam zu besprechen.

Maximilian (4) war immer sehr unglücklich, wenn sein Vater am Anfang der Woche wegfuhr. Er vermisste ihn und konnte es kaum abwarten, bis er am Freitagabend endlich wieder zur Tür hereinkam. Dann ließ er ihm keine Ruhe, überschüttete ihn mit Fragen und erzählte ununterbrochen von seinen Erlebnissen der vergangenen Woche. Maximilians Vater war jedoch erschöpft und fühlte sich von den ungestümen Liebesbezeugungen seines Sohnes manchmal überfordert. Er reagierte dann gereizt und Maximilian, der sich so sehr auf seinen Vater gefreut hatte, war unglücklich und ging weinend zu Bett. Um die Begrüßungszeit mit seinem Sohn genießen zu können und ihn nicht zu enttäuschen, richteten Vater und Sohn eine „Maximilianzeit" ein. Sie beschlossen, jeden Freitagabend gemeinsam vor dem Schlafengehen noch eine kurze Fernsehsendung zu schauen, da der Vater einfach keine Energie mehr für Unterhaltungen oder Spiele hatte. An den nächsten beiden Tagen gab es dann jeweils eine Stunde, an dem sich der Vater ausschließlich mit seinem Sohn beschäftigte. Maximilian durfte sich aussuchen, was sie gemeinsam tun sollten. Diese Stunde gab ihm die Sicherheit, dass sein Vater ihn liebte und sich Zeit für ihn nahm, obwohl er die Woche über nicht bei seiner Familie sein konnte. Er konnte ihn nun Freitagabend weitgehend in Ruhe lassen.

Auch die Begrüßung nach einem einzigen Tag ist für viele Kinder eine wichtige Angelegenheit. Für sie vergehen die Stunden noch nicht „im Flug", sie lassen sich auf ihre Umgebung völlig ein und empfinden die Zeit vom Morgen bis zum Abend manchmal als sehr lang. Vermissen Kinder ihre Mutter oder ihren Vater sehr, so hilft ihnen ein Begrüßungsritual am Abend, auf das sie sich den Tag über freuen können, die Zeit der Trennung besser zu überstehen.

Sybille (6) wusste genau, dass ihr Vater jeden Abend nach der Kinderstunde im Fernsehen nach Hause kam. Sie nahm sich dann immer die Fernbedienung der Garage und wartete am Fenster, bis sie die Lichter von Vaters Auto in der Einfahrt erkennen konnte. Dann rannte sie aus dem Haus und öffnete mit der Fernbedienung das Garagentor. Sybille erlaubte nicht, dass ihr Vater selber das Tor öffnete, sie ließ auch ihre Mutter nicht an die Fernbedienung. Es war ganz alleine Sybilles Aufgabe, jeden Abend aufs Neue ihren Vater mit dem Öffnen des Tores zu begrüßen. Darauf freute sie sich den ganzen Tag, und sie fühlte sich sehr wichtig, diese Aufgabe erledigen zu können.

Andere Kinder warten mit ihrem Kuscheltier am Fenster auf die Heimkehr eines Elternteils, ein Begrüßungskuss, zehn Erzählminuten oder das erfreuliche Mitbringsel vom Einkaufen sind auch oft zu finden.

Tamara (7) erwartete ihren Vater jeden Abend sehnsüchtig. Sie versteckte sich stets im Treppenhaus, um ihn dann zu erschrecken, wenn er die Stufen heraufkam. Jeden Abend suchte sie sich das gleiche Versteck aus, von dem sie den Vater sehen konnte. Kam er dann an ihr vorbei, sprang sie heraus und erschreckte ihn. Der Vater spielte dieses Ritualspiel lange mit und zuckte erschrocken zusammen, wenn seine Tochter ihn lautstark begrüßte. Dieses Ritual bestätigte täglich die Vertrautheit von Vater und Tochter und festigte das Band zwischen den beiden.

 *Begrüßung des Kindergarten- oder Schultages*

Auch in der Schule und im Kindergarten gibt es Begrüßungsrituale, die die Kinder auf die kommenden Stunden des Tages einstimmen sollen. Wenn man bedenkt, dass alle Schüler und Schülerinnen einer Klasse oder einer Kindergartengruppe aus den verschiedensten Himmelsrichtungen, aus unterschiedlichen Familien zusammentreffen und gemeinsam die kommenden Stunden verbringen sollen, dann erscheint es sinnvoll zu sein, den Tag mit einem Ritual zu beginnen. Besonders nach dem Wochenende oder nach Ferien, wenn die Kindergruppe, der Unterricht und die Schule weit weg aus den Gedanken der Kinder verbannt waren, ist es wichtig der kommenden gemeinsamen Zeit einen rituellen Anfangspunkt zu setzen. Das stärkt das Gemeinschaftsgefühl, hilft, sich in der Gruppe zu orientieren und zurechtzufinden und stabilisiert das Gemeinschaftsgefühl.

Im Kindergarten sind Stuhl- und Singkreise, Kinderkonferenzen und Befindlichkeitsrunden eine beliebte Methode, um die unruhige und aufgeregte Kindergruppe zusammenzuführen.

Jeden Morgen nach dem Frühstück im Kindergarten setzt sich die Gruppe im Kreis. Nachdem alle gemeinsam ein Lied gesungen haben, erzählen sich die Kinder von ihrem Wochenende. Auch die Erzieher und Erzieherinnen teilen mit, was sie am Samstag oder Sonntag erlebt haben. Mit einem weiteren Lied wird der Stuhlkreis beendet.

In der Schule wird der Sitzkreis, den die Kinder schon vom Kindergarten her kennen, noch eine ganze Weile fortgesetzt. Dieses Ritual ist ihnen vertraut und schafft eine wohltuende Atmosphäre der gegenseitigen Akzeptanz und des individuellen Stundeneinstiegs. In manchen Klassen wird noch jeden Morgen zum Beginn ein Lied gesungen. Meist eines, das sich auch thematisch mit der Schule befasst. Andere sagen ein Gedicht auf oder einen Klassenreim, oder es wird eine Körperübung für Aufmerksamkeit und entspanntes Lernen angeboten. Diese Rituale machen jedem deutlich, dass eine bestimmte Phase des Tages begonnen hat. So muss nicht jeder Schüler oder jede Schülerin einzeln ermahnt werden, still und aufmerksam zu sein, sondern das Ritual übernimmt diese Funktion.

„Ich bin sooo traurig!"
Trost spenden durch Vertrautes und Bekanntes

In Situationen, in denen Kinder traurig sind, ist es für sie besonders wichtig, immer wieder dieselben Handlungen, Gesten und die gleichen Rituale des Trostes zu erfahren.

Es ist gut, wenn die Mutter oder der Vater sich daran erinnern, mit welchen Gesten, Worten oder Handlungen sie ihr weinendes Kind getröstet haben, als es noch ein Säugling war. Diese vertrauten Trostrituale können auch für das Kleinkind noch große Bedeutung haben und es schnell und effektiv beruhigen.

Das Streicheln und Wärmen eines bestimmten Körperteiles, häufig des Bauches oder des Rückens, meist gekoppelt mit einer gleichmäßigen, ruhigen Stimmlage, wirken beruhigend und werden von den Kindern als tröstend empfunden. Die Trauer oder der Schmerz werden anerkannt und zugelassen, es ist wichtig, dem Kind den Grund seiner Traurigkeit oder seines Kummers nicht auszureden, sondern ihn zu akzeptieren und anzunehmen. So fühlt sich das Kind ernst genommen und kann sich auf die tröstenden Rituale vertrauensvoll einlassen.

Wenn Kinder dann gefragt werden, was ihnen in ihrem Kummer helfen würde, was sie brauchen, dann entwickeln sie oft selbst Ideen, die große tröstende Wirkung entfalten.

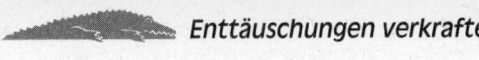

Freddy (6) hing sehr an seinem Vater, den er jedoch nur selten sah, weil die Familie nicht zusammenlebte. Als der Vater Freddys sechsten Geburtstag vergessen hatte, weinte der Junge sich abends in den Schlaf, weil ihn das sehr traurig machte. Freddys Mutter versuchte in solchen Momenten, dem Kind klarzumachen, wie lieb sie ihn hat. Was für ein toller kleiner Junge er war, und dass Freddys Vater sicherlich sehr stolz auf ihn wäre, wenn er ihn an seinem sechsten Geburtstag erlebt hätte. Sie sprach in solchen Situationen aber auch von Freddys Großvater, der als männliche Bezugsfigur für Freddy eine große Bedeutung hatte. Da es dem Kind sehr wichtig war, dass ein Mann ihn akzeptierte und ihn ernst nahm, übergab seine Mutter ihm immer in Situationen, die dem Kind sehr wichtig waren, eine Münze aus Großvaters Album. Diese Münzen waren sehr wertvoll und steckten voller Erinnerungen und Geschichten aus Opas Jugend. Freddy bewahrte die Münzen sorgfältig auf, und es stärkte sein Selbstbewusstsein sichtlich, wenn er solch eine wertvolle Münze erhielt. Der Kummer über seinen Vater wurde dadurch gemildert.

Kinder können zutiefst traurig sein, wenn sie sich auf etwas gefreut haben, was dann nicht eintritt. Eine Situation, mit der sich leider viele Kinder immer wieder konfrontiert sehen, die in Einelternfamilien aufwachsen, ist ein ausgefallenes Treffen mit dem getrennt lebenden Elternteil. Söhne und Töchter geben beiden Elternteilen in ihrem Leben eine große Bedeutung. Häufig wird sogar der nicht in der Familie lebende Elternteil besonders bewertet, weil die Ausstattung seiner Persönlichkeit zu großen Teilen in der Phantasie der Kinder stattfindet. Auf die Treffen mit diesen Eltern freuen sich die Kinder sehr, weil sie ihnen vermitteln, dass sie wichtig sind und einen Platz im Leben des Vaters oder der Mutter einnehmen, obwohl dieser oder diese nicht mit den Kindern zusammenlebt. Natürlich passiert es, dass solche Verabredungen ausfallen. Manchmal sind sogar die Geburtstage der Kinder davon betroffen, und viele sind untröstlich darüber.

 *Etwas versäumen*

Wenn Leo (7) krank und traurig war, und so gar nichts ihn mehr richtig aufmuntern konnte, holte seine Mutter die Taufkerze des Jungen heraus, und nutzte sie als Beruhigung und Stärkung. Sie wurde dann auf dem Tisch in Leos Zimmer gegenüber seinem Bett aufgestellt, wo er sie gut sehen konnte, und strahlte eine beruhigende Wirkung aus. Leos Mutter erzählte dazu Geschichten von ihm, als er noch ein Kleinkind und Baby war. Sie erinnerte ihn an vergangene schwierige Situationen, in denen er länger krank war, und wies damit darauf hin, dass er auch die vielen Krankheiten vorher immer gut überstanden hatte. Die Taufkerze bedeutete dem Jungen Trost und Stabilität in seiner Situation.

Sehr traurig macht es Kinder auch, wenn sie große Ereignisse versäumen. Vielleicht können sie an einem Geburtstagsfest ihrer Freunde wegen Krankheit nicht teilnehmen, verpassen wegen Opas Geburtstag einen Schulausflug oder der geplante Schwimmbadbesuch fällt aus, weil Papa Ohrenschmerzen hat. Vielleicht sind sie auch untröstlich, weil ihr Lieblingsspielzeug zerbrochen ist. Kindlicher Kummer oder kindliche Traurigkeit sind fast immer echt, sie sollten von den Eltern ernst genommen werden. Die Kinder müssen lernen, dass solche Dinge eben passieren, dass sie aber durchaus einen Weg finden können, mit dem Kummer umzugehen.

Sven (5) war ein echter Wildfang, der sich immer wieder mit anderen Kindern anlegte. Er provozierte sie so lange, bis ein echter Streit entbrannte und die anderen sich von ihm zurückzogen. Sven tat dies nach kurzer Zeit schon wieder sehr leid, aber er war nicht in der Lage, sein Handeln schon vorher zu lenken. In solchen Situationen griff er als Trost immer wieder zu Mutters altem, zerzaustem Teddy und verkroch sich mit diesem ins Bett. Nur dieser verfilzte, etwas löchrige Teddybär konnte ihn trösten, jedes andere Stoff- oder Plüschtier lehnte er entschieden ab.

Dieser Ritualgegenstand verkörperte für Sven die Sicherheit, dass es sich schon wieder einrenken würde. Der Teddy war eng verknüpft mit einer Situation, die sich für Sven häufig wiederholte. Erst mit dem besonderen Teddy im Arm fühlte er sich in der Lage, seine Traurigkeit über sein Verhalten auszuhalten. So konnte er abwarten, bis er sich wieder besser fühlte. Im Laufe der Jahre ver-

änderten sich die Situationen, zu denen Sven den Teddy benötigte, der Teddy behielt seine Bedeutung jedoch für lange Zeit.

 ## *Die Sorgen annehmen*

> Immer wenn Julia (9) traurig war, ging sie allein ins leere Wohnzimmer und kuschelte sich in den großen, alten Ohrensessel ihrer Oma. Dann hörte sie eine bestimmte Kassette ihrer Mutter und blieb manchmal weit mehr als eine Stunde ganz ruhig in ihrem Lieblingssessel sitzen. Sie machte sich Gedanken über ihre Probleme und überlegte sich Möglichkeiten, die Situation zu verändern. Nach diesen Sorgensitzungen im Ohrensessel fühlte Julia sich gestärkt und wieder froh.

Auch Ritualplätze sind hilfreich und entfalten ihre beruhigende Wirkung, wenn man sie im Prozess des Tröstens einnimmt. Das Bett der Eltern, ein gemütliches Sofa oder der Lehnsessel am Fenster vermitteln dem traurigen Kind Geborgenheit und Wärme, da sie immer wieder aufgesucht werden, wenn es um die Bewältigung von Kummer geht. Oft hilft auch das Vorsingen eines bekannten Liedes oder die gemeinsame Erinnerung an Situationen, in denen es dem Kind besser ging. Dabei sollte aber der Kummer nicht verdrängt werden, sondern vielmehr als ein Stück eines Weges angesehen werden, an dessen Ende wieder schöne Erlebnisse stehen.

> Malte (7) konnte es nicht leiden krank zu sein. Er hörte dann seine Freunde im Garten spielen und fühlte sich einsam und unglücklich. Seine Eltern konnten ihn kaum aufheitern. Das einzige, womit Malte seine Tage im Bett etwas erträglicher fand, war eine ganz bestimmte Bettwäsche. War Malte

krank, so musste diese Bettwäsche auf sein Bett, sonst war er wirklich unerträglich und behauptete, er würde vielleicht nie wieder gesund.

Helene (6) hatte sich schon als Kleinkind daran gewöhnt, dass ihre Mutter den Schmerz immer wegpustete, wie es schon die Oma bei ihrer Mama gemacht hatte. Der Schmerz löste sich dann in Luft auf, flog davon und Helene ging es gleich besser.

 *Missgeschicke*

Wenn Kindern Missgeschicke passieren, ist ihr Kummer oft groß. Manchmal haben sie mehr Angst vor der Strafe, die folgen könnte, als vor den Auswirkungen des Missgeschicks selber. Hier ist es sinnvoll, wenn Eltern den Kindern von ihren eigenen Erfahrungen erzählen, ihnen deutlich machen, dass auch sie immer wieder mal Fehler machen oder dass ihnen unglückliche Dinge passieren.

Kathrin (8) war manchmal etwas unbeholfen. Immer wieder mal warf sie ein Milchglas um, vergaß ihre Hausaufgaben oder verlor etwas aus ihrer Tasche. Jedes Mal war Kathrin untröstlich über ihr Pech. Sie wurde sehr traurig und fühlte sich wie ein Tollpatsch. In solchen Situationen machte Kathrins Mutter mit ihrer Tochter immer gerne einen Spaziergang, bei dem sie ihr von ihren eigenen Missgeschicken erzählte. Ganz besonders gefiel Kathrin eine Geschichte, in der ihre Mutter als Kind beim Einkaufen einen Fünfzigmarkschein verloren hatte. Sie genoss es zu hören, welchen Ärger

ihre Mutter bekam und welche Strafen ihr von den Großeltern aufgebrummt wurden. Diese Geschichten halfen
Kathrin über ihr eigenes Unglück hinweg.

Bei älteren Kindern ist es notwendig, dass sie lernen, wie sie sich
selber trösten können, wie sie sich selber ihre Missgeschicke ver-
zeihen können. Oder wie sie mit ungerechter Behandlung umgehen lernen. Hier hilft immer noch das Kuscheltier, wenn kein
vertrauter Mensch in der Nähe ist, der sie unterstützen könnte.

Jonathan (9) blieb manchmal abends alleine zu Hause, wenn
seine Mutter zu einem Elternabend ging oder noch arbeiten
musste. Er war jedes Mal sehr traurig, dass sie fortging, aber
er nahm sich zusammen und quengelte nicht, weil es
sowieso keine andere Möglichkeit gab. Zum Trost und als
Schutz vor dem Alleinsein zog er an diesen Abenden ein
altes, weites T-Shirt von seiner Mutter an, in das er sich
ganz fest hineinkuschelte. So fühlte er sich weniger einsam.
Das Kleidungsstück seiner Mutter vermittelte ihm Trost
und gab ihm die Sicherheit, dass sie wieder nach Hause
kommen würde.

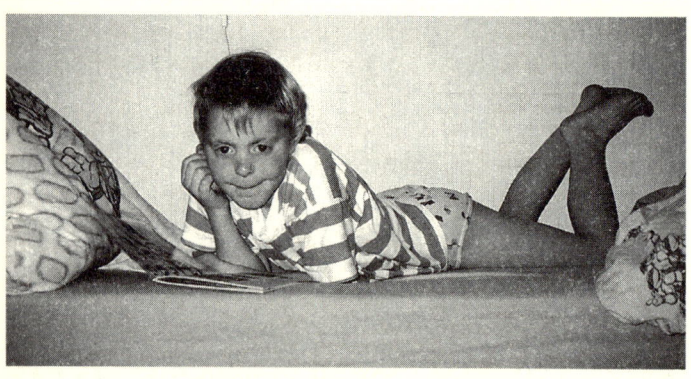

„Mama, sind wir bald da?"
Schulferien und Urlaub besonders genießen

Die Ferien sind in vielen Familien der Höhepunkt des Jahres. Endlich einmal nicht früh aufstehen und Frühstücksbrote schmieren, keine Kindergartentaschen und Schulranzen packen, und ohne Zeitdruck den Tag beginnen. Lange Schlafen, Frühstück im Bett, gute Freunde besuchen, mit den Kindern Ausflüge machen oder sogar fremde Länder besuchen. So wie es jedes Jahr regelmäßig Schulferien gibt, so haben viele Familien Urlaubsrituale entwickelt, die den Verlauf der Ferien gestalten und für die Kinder ersehnte Höhepunkte bedeuten.

Ob die Ferien eine Familie nun in fremde Länder führen, auf den Zeltplatz in der Nähe, täglich ins Freibad oder einige Wochen zu den Großeltern ist eigentlich nicht wichtig. Erholsam, abwechslungsreich und interessant sollen sie sein. Der Schul-, Berufs- und Arbeitsalltag soll für eine Weile in den Hintergrund treten und die anderen Seiten des Lebens stärker betont werden.

 *Vorbereitung auf den Urlaub*

Anstatt ohne Beteiligung der Kinder die Ferien zu organisieren, zu planen und vorzubereiten ist es oft schöner, dies zumindest teilweise gemeinsam zu tun. Spielsachen für die lange Autofahrt können bei einem Einkaufsbummel besorgt werden, beim Kauf eines Reiseführers können die Kinder mitentscheiden. Auch das Kofferpacken und die Überlegungen welche Sachen mitgenommen werden müssen, können mit den Kindern zusammen diskutiert werden. Das Einbinden der Kinder in die

67

gesamten Urlaubsvorbereitungen erspart einer Familie unliebsame Überraschungen und den Kindern Enttäuschungen. Außerdem stärkt es das Verantwortungsbewusstsein aller Familienmitglieder, und das Interesse der Kinder an der fremden Umgebung wird geweckt.

Steffen (9) wird vor der Abreise in den Urlaub von seinen Eltern jedes Mal in ein Restaurant eingeladen, das die typische Küche des Urlaubslandes repräsentiert. Dazu wird er schon bei der Auswahl des Lokals in die Entscheidung miteinbezogen, wo das Essen stattfinden soll. Im Telefonbuch sucht er selbständig ein entsprechendes Restaurants aus, in dem seine Mutter dann einen Tisch reserviert. Um sich auf die Reise, das fremde Land und die andere Mentalität der Menschen einzustimmen, wird an diesem Abend hauptsächlich über den kommenden Urlaub gesprochen. Die Eltern erzählen Steffen von dem Land, sie streichen dessen Besonderheiten und Spezialitäten heraus und vermitteln ihrem Sohn so einen Bezug zu der Reise. Anhand eines Reiseführers überlegen sie gemeinsam, was sie im Urlaub auf jeden Fall ansehen wollen. So bekommt Steffen vor jeder Reise eine Vorstellung von dem, was ihn in dem anderen Land erwartet. Er ist gut vorbereitet.

Für Kinder ist es wichtig, von den Entscheidungen und Planungen ihrer Eltern nicht ausgeschlossen zu werden. Sie möchten das Gefühl haben wichtig zu sein und einen Teil der Entscheidungen mitzutragen.

Vor jedem Urlaub freut sich Tom (6) ganz besonders darauf, seine eigene Tasche packen zu dürfen. Während seine Eltern sich um Kleidung und Essen kümmern, überlegt Tom lange, welche Spielsachen er für die Dauer des Urlaubes wohl unbedingt braucht. Zu diesem Zweck hat er einen ganz speziellen kleinen Koffer, den er immer bis oben hin voll packen darf. Der Koffer ist mit vielen bunten Aufklebern beklebt, die Tom in den verschiedenen Ländern gesammelt hat. Für Tom ist Urlaub ganz eng verknüpft mit seinem Spielekoffer, er kann sich eine Reise ohne ihn gar nicht mehr vorstellen.

 ## Schulferien zu Hause gestalten

Auch in den eigenen vier Wänden sollten Ferien sich von dem normalen Alltag abheben, um ihr Ziel der Erholung und Entspannung erreichen zu können. Nachdem die Ranzen und Taschen am letzten Schultag gut verstaut, die Brotdosen im Küchenschrank verschwunden und die Sportbeutel in der Wäsche gelandet sind, kann es losgehen. Einige Familien begrüßen den ersten Ferientag stets mit einem gemeinsamen Ausflug. Je nach Jahreszeit geht es zum Eisessen in den Park, zum heißen Kakao in das Frühstückslokal um die Ecke oder zum Pizzaessen in die Stadt. Dort werden dann voller Vorfreude Pläne für die kommenden Wochen geschmiedet.

Thorsten (9) weiß die Ferien erst ganz besonders zu schätzen, seit er in die Schule geht. Genauso wie sein großer Bruder freut er sich auf den letzten Schultag, wo er mit allen anderen nach der 3. Stunde nach Hause gehen kann. Dort wartet schon seine Mutter, die mit ihren Söhnen immer zum Ferienbeginn in die Stadt zum Bummeln fährt. Beide dürfen sich dort ein Spielzeug aussuchen, anschließend treffen sie sich mit ihrem Vater und alle gehen zusammen Pizza essen im Lieblingslokal der Kinder.

Solche Rituale gewichten die Ferien für die Kinder, sie freuen sich schon zu Beginn auf eine glückliche Zeit mit wenig Verpflichtungen.

Vielleicht werden auch bestimmte Kleidungsstücke ausgepackt, ein besonderes Spielzeug für die Dauer des Urlaubs freigegeben, oder die ganze Familie feiert den Ferienbeginn mit einem gemeinsamen Kinobesuch und einem anschließenden Essen. Natürlich dürfen die Kinder nun länger aufbleiben und vielleicht auch ein wenig länger fernsehen als in der Schulzeit. Inhalt der Ferien ist oft, sich nicht alltägliche Freuden zu gönnen.

Lara (8) liebt an den Schulferien ganz besonders den Königstag. Jedes Mitglied ihrer Familie darf an einem Tag in den Ferien König oder Königin sein, um sich von den anderen Familienmitgliedern bedienen zu lassen. Dieser Tag wird schon zu Beginn der Ferien anhand eines Kalenders von jedem festgelegt und dann in jeweils verschiedenen Farben deutlich markiert. Der Morgen des Königs oder der Königin beginnt stets mit einem Frühstück im Bett und der Tag endet mit einem gemeinsamen Abendessen. Als Zeichen der Herrschaft trägt der jeweilige König oder die Königin einen speziellen Anstecker, die den Rest der Zeit in einer bestimmten Schublade in einer Kommode aufbewahrt wird.

Königstage und Spielenächte geben den Ferien einen besonderen Reiz, der sie deutlich von der Schul- oder Kindergartenzeit abhebt. So wird das Jahr nicht nur in verschiedene Jahreszeiten gegliedert, sondern auch in Zeiten der Arbeit und Zeiten der Freizeit. Oft ist es nur in den Ferien möglich, dass beide Eltern und alle Geschwister zusammen etwas unternehmen, was länger als ein paar Stunden dauert. Das fördert den Zusammenhalt der Familie und gibt die Gelegenheit, einzelne Familienmitglieder mal wieder aus einem anderen Blickwinkel zu betrachten. Gerade Kinder die nicht gerne in den Kindergarten gehen oder viele Probleme in der Schule haben und sich zu Hause und in der Schule oft wegen schlechter Leistungen kritisieren lassen müssen, genießen die schulfreie Zeit und schalten von den Anforderungen des Alltags eine Weile völlig ab. Sie brauchen diese Ruhepause unbedingt, um nach den Ferien wieder leistungsfähig zu sein.

> Tim (7) und Lea (9) freuen sich in den Schulferien immer sehr auf ihre Spielenächte, die sie jede Woche einmal mit den Eltern gemeinsam planen. Die Kinder dürfen für einen kleinen Geldbetrag etwas zum Knabbern einkaufen, die Eltern kümmern sich um die Getränke. Nach dem Abendessen setzt sich die ganze Familie zusammen, wählt nach einem bestimmten Prinzip Spiele aus und macht Gesellschaftsspiele, solange, bis den Kindern wirklich die Augen zufallen. Lea ist stolz darauf, dass sie den Rekord hält. Gemeinsam mit ihrem Vater hat sie einmal bis zwei Uhr morgens durchgehalten, während ihr Bruder und ihre Mutter schon längst eingeschlafen waren.

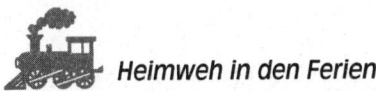 **Heimweh in den Ferien**

Der Urlaub ohne die Eltern findet für einige Kinder früher, für andere später statt. Manche fahren schon mit dem Kindergarten für ein oder zwei Nächte weg, andere erst mit der Grundschulklasse oder mit einem guten Freund und dessen Eltern. Immer jedoch ist es für die Kinder ungewohnt und ein wenig beängstigend, wenn sie nachts in einem fremden Bett liegen und wissen, dass die Eltern nicht im Zimmer nebenan schlafen. Mit ihrem Heimweh und ihren Sorgen müssen die Kinder dann alleine fertig werden, was wieder einen weiteren Schritt in die Selbständigkeit bedeutet. Es ist sinnvoll ein Kind behutsam auf eine Kinderfreizeit vorzubereiten. Auf jeden Fall sollte es bereits einige Nächte bei den Großeltern oder Freunden verbracht haben, bevor es für ein oder zwei Wochen auf eine große Ferienfreizeit mitfährt.

> Marlene (11) nimmt in den Sommerferien gerne an Kinderfreizeiten teil. In den heißen Sommernächten plagt sie jedoch manchmal das Heimweh, wenn sie abends im Dunklen in ihrem Ferienbett liegt und an ihre Eltern denkt. Sie hat mit ihrer Mutter zusammen ein Ritual entwickelt, bei dem beide jeden Abend zu einer bestimmten Uhrzeit in den Sternenhimmel schauen und aneinander denken. Diese Gedanken verbinden sie, und Marlene fühlt sich nicht mehr so einsam, wenn sie ins Bett geht, und kann ihr Heimweh leichter überwinden.

Ein bestimmtes Kuscheltier oder ein Lieblingsbuch darf in keinem Kinderkoffer fehlen, damit etwas Vertrautes immer zur Hand ist, wenn sich Heimweh einstellt. Die Eltern sollten mit ihrem Sohn oder ihrer Tochter auch besprochen haben, wie das Kind sich bei Heimweh verhalten kann. An einem kleinen Kalender könnte es beispielsweise ablesen, wie lange die Freizeit eigentlich noch dauert und wann es wieder bei seinen Eltern zu Hause sein wird. Ein Lieblingskopfkissenbezug erinnert an das Kinderbett daheim, der blaue Schlafanzug vielleicht an den letzten Geburtstag, an dem das Kind ihn sich so sehnlich gewünscht hat. Alle solche Erinnerungsstücke knüpfen ein festes Band zwischen dem Kind und seinen Eltern. Sie bedeuten, dass der Zeitpunkt der Rückkehr kommen wird, sie geben Sicherheit und Halt in der fremden Umgebung.

Gemeinsame Gedanken an die Sterne, den Mond oder die Sonne, die überall auf der Welt zu sehen sind, sind als Ritual in vielen Situationen hilfreich. Sie vertreiben die Einsamkeit, wenn man sie mit jemand anderem teilt.

Laura (7) und Paula (7), eineiige Zwillinge, fahren gerne mit ihren Eltern im Auto in Urlaub. Die langen Fahrten nach Italien oder Frankreich machen ihnen nichts aus, im Gegenteil. Sie haben einige Spiele erfunden, die sie nur auf langen Autofahrten spielen und auf die sie sich vor jeder Reise freuen. So sammeln sie zum Beispiel bestimmte Automarken in besonderen Farben. Außerdem lieben die beiden es, dass ihre Eltern regelmäßig an Raststätten für kleine Pausen halten. Dort trinken sie Kaffee und schauen sich immer die Spielplätze an, auf denen die beiden Mädchen sich eine Weile austoben dürfen. Haben sie dann die Grenze in ein anderes Land überquert, so sammeln sie dort in den Autobahnlokalen die verschiedenen Zuckertütchen oder Zuckerstückchen, die ihre Eltern zum Kaffee bekommen.

Der Urlaub in einer anderen Kultur, einem fremden Land, bietet viele Gelegenheiten neue und spezielle Rituale zu entwickeln. Besonders das Eintreffen am Urlaubsort und der erste Abend nach einer langen Reise prägen sich Eltern und Kindern fest ein. Das Entdecken des Ferienhäuschens, das erste Essen in der fremden Küche bei Kerzenschein, die Suche nach einem Bäcker am nächsten Morgen und das Erkunden der Umgebung laufen in vielen Familien immer gleich ab. Da schon die Umgebung fremdartig und ein wenig beängstigend ist, mögen Kinder die Gewohnheit althergebrachter Handlungen, die ihnen Sicherheit und Schutz vermitteln. Auch hier helfen mitgebrachte Lieblingssachen, Bettwäsche oder Puppen eine Atmosphäre zu vermitteln, in der sich die Familie heimisch und geborgen fühlt.

Da Sven (5) im Urlaub häufig Heimweh bekommt oder sich fremd fühlt, singt ihm seine ältere Schwester jeden Abend ein Lied in der Landessprache vor, das sie in der Schule gelernt hat. Sven versteht zwar von den Texten der Lieder kein Wort, manchmal sind sie auch selbst erfunden, aber er ist immer sehr stolz, dass seine große Schwester sich so um ihn bemüht. Darüber vergisst er sein Heimweh und schläft meistens problemlos ein. Das Ritual des Vorsingens fremder Lieder, die er zu Hause auch wirklich niemals hört, gibt ihm ein Stück Geborgenheit, das er in der Fremde gut gebrauchen kann.

Im Urlaub ist Platz für völlig neuartige Rituale, für die im Alltag keine Zeit vorhanden ist. So ist es für Kinder zum Beispiel etwas ganz Besonderes, in den Ferien selbst spät abends noch mit den Eltern auszugehen und in warmen Sommernächten durch die Stadt oder das Dorf zu laufen. Sie entwickeln durch die neue Umgebung und die viele Zeit, die ihre Eltern für sie haben, auch andere Interessen als zu Hause.

Sarah (10) interessiert sich eigentlich nicht für Kirchen oder alte Gemäuer. Im Urlaub liebt sie es jedoch, mit ihren Eltern Eis essend durch Städte zu laufen und dort alte Kirchen zu erkunden, sich die kunstvollen Verzierungen anzusehen und Geschichten über Heilige anzuhören. Der Höhepunkt der Kirchenbesuche ist für Sarah, wenn ihre Eltern für sie eine Kerze anzünden. Auch Sarah darf dann jedes Mal eine Kerze kaufen und sie mit einem Herzenswunsch auf den Lippen anstecken. Auf dieses Ritual freut sie sich in jedem Urlaub, und sie hat sich fest vorgenommen, auch später, wenn sie erwachsen ist und selber Kinder hat, daran festzuhalten.

Hier zeigt sich, dass die Ferien auch dazu geeignet sind, bei Kindern besondere Interessen zu wecken. Alle Familienmitglieder nehmen sich mehr Zeit füreinander und bemühen sich, jeden Tag interessant oder zufriedenstellend zu gestalten.

Helmut (9) freut sich jeden Sommer aufs Neue auf einen Urlaub am Meer. Er ist eine echte Wasserratte und könnte stundenlang am Wasser im Sand buddeln. Deshalb ist für ihn der Höhepunkt jeden Urlaubs der Bau einer gigantischen Sandburg, die er mit seinem Vater erschafft. Die beiden sammeln dafür erstmal tagelang Muscheln, um das Kunstwerk entsprechend verzieren zu können. Haben sie einen genügenden Vorrat angesammelt, so beginnt der eigentliche Bau, der gut einen Tag in Anspruch nimmt. Abschließend wird das Kunstwerk stolz fotografiert und einer Fotosammlung zugefügt, die beide bereits vor Jahren angelegt haben.

Das Erlebnis des Burgenbaus hat für Vater und Sohn eine hohe Qualität. Beiden macht es riesigen Spaß, und so haben sie ein gemeinsames Hobby, mit dem sie sich im Urlaub beschäftigen können. Die daraus entstehende Fotosammlung schauen sie sich immer wieder gerne an.

 *Vater-Kind-Woche*

Einmal im Jahr gehen Sebastian (8) und Susan (10) mit ihrem Vater eine Woche zelten. Sie wählen stets einen Campingplatz, der mindestens drei Stunden Autofahrt von zu Hause entfernt ist, um auch wirklich einen Abstand zwischen sich und ihr Zuhause zu bringen. Die beiden Kinder rufen ihre Mutter während dieser Woche nur in Notfällen an. Diese Vater-Kind-Woche vertieft ihr Verhältnis und bringt der

Mutter eine Woche Erholung von der Familie. Sie ist ein fester Bestandteil der Familie geworden und für alle Mitglieder ein beständiges Ritual, das sie sich aus ihrem Leben gar nicht mehr wegdenken möchten.

 *Wenn die Ferien zu Ende sind*

Jans (5) Mutter hat es sich angewöhnt, aus jedem Urlaub ein oder zwei landestypische Rezepte in den Alltag mitzunehmen. Einige Wochen nach dem Urlaub veranstaltet die Familie einen Abend, an dem sie die Großeltern einladen und sich noch einmal genau an die schönen Wochen erinnern. Zu diesem Anlass wird ein solches Rezept ausgepackt und ein leckeres Gericht aus Italien, Holland oder Dänemark zubereitet. Nach dem Essen schaut die Familie sich gemeinsam die Urlaubsfotos an und überlegt dann, wohin sie der nächste Urlaub führen könnte.

Dieses Ritual bestärkt die Absicht, das Besondere eines Urlaubs noch einmal herauszustreichen. Allzu schnell wird in der Hektik des Alltags die Erinnerung an schöne Urlaubswochen verdrängt, kehren alle zum normalen Tempo zurück und wird es schwierig, mit Kindern etwas Außergewöhnliches zu erleben. Solch ein besinnlicher und gemütlicher Abend aktiviert wieder die Erinnerung an die Erholung und Entspannung der Sommertage oder der Skiwochen, die während des Urlaubes eingekehrt waren.

„Ich möchte 1000 Gummibärchen in meiner Schultüte haben"! Den neuen Lebensabschnitt Schule bewältigen

Ein weiterer einschneidender Schritt in der Entwicklung eines Kindes ist ohne Zweifel der Eintritt in die Schule. Hat es sich längst an seine Kindergartengruppe und die Erzieherinnen gewöhnt, so steht ihm jetzt wieder eine große Umstellung bevor.

Möglicherweise kennt es in seiner neuen Klasse kein einziges Kind, die Lehrer sind ihm sicherlich fremd, und auch das gesamte Umfeld der Schule ist unbekannt und neu. Günstigstenfalls hat die Kindergartengruppe einmal einen Besuch in der Schule gemacht, oft ist dies aber gar nicht möglich.

Lorenz (6) konnte es gar nicht abwarten, endlich ein Schulkind zu sein. Schon Monate vor seinem ersten Schultag begann er, sein Kinderzimmer aufzuräumen und die Spielsachen auszusortieren, die seiner Ansicht nach nicht zu einem Schulkind passten. Er verschenkte nach und nach seine Bilderbücher und eine ganze Menge von Spielen, für die er sich zu alt fühlte. Als Abschluss seines Schulrituals verschenkte er an seinem letzten Tag im Kindergarten seine Kindergartentasche.

Auch für die Eltern findet nun ein weiteres Stück Ablösung statt, dem sie sich nicht entziehen können. Anders als im Kindergarten besteht nun die Pflicht, das Kind in den Unterricht zu schicken. Ein neuer Schulweg, frühe und geregelte Anfangszeiten und strengere Ansprüche an Pünktlichkeit und Leis-

78

tungsvermögen machen die ersten Schulwochen nicht gerade einfach für viele Familien.

Um so wichtiger ist es, die kleinen Schulanfänger vorsichtig und langfristig auf ihren neuen Lebensabschnitt vorzubereiten. Sie müssen sich an so viele neue Dinge gewöhnen, dass sie sich nicht auch noch mit Ängstlichkeit und Sorgen vor dem kommenden Unbekannten belasten sollten.

Immer wieder hört man von Erwachsenen den drohenden Ausspruch: „Warte nur, bis du in die Schule kommst!", oder „Na ja, am Anfang macht es noch Spaß!" Vorfreude und Neugierde der Kinder werden so gebremst. Sie entwickeln die Vorstellung, dass Schule etwas Bedrohliches beinhaltet, das früher oder später auch sie betreffen wird. Auch für die Schule gilt die Regel der sich selbst erfüllenden Prophezeiung – erwarten die Kinder etwas Schlechtes, so werden sie es vermutlich auch irgendwann finden.

 ### Rituale um die Schule

Für die Schulzeit können Kinder, Eltern und Lehrer und Lehrerinnen Rituale gut gebrauchen. Sie bieten Unterstützung, um dem Zusammenleben eine verlässliche Orientierung zu geben. Rituale gliedern die Schulzeit, erfüllen sie mit Spannung und geben jedem einzelnen Kind psychischen Halt. Aufnahmefeiern, Sommerfeste, Verabschiedungen, Geburtstage und Weihnachtsfeiern finden sich nahezu in jeder Schule.

Rituale, die die Arbeit strukturieren sind zum Beispiel der Montag-Morgen-Kreis, bei dem Kinder und Lehrer den Plan für die folgende Woche festlegen und besondere Veranstaltungen besprechen. Oder die regelmäßigen Buchvorstellungen der Schulkinder, bei denen sie sich in besonderer Weise exponieren und ihre Bemühungen der Klasse vortragen, sind eingebettet in Rituale. Schulprojekte werden in besonderer Weise vorbereitet, hervorgehoben und der Öffentlichkeit präsentiert. In regelmäßigen Abständen werden die Flure von Schulen neu dekoriert mit Ausstellungsstücken, die die Schüler und Schülerinnen selber hergestellt haben, um sie ihren Eltern an Besuchstagen stolz zu zeigen.

Schulrituale, die das Zusammenleben in der Schulgemeinschaft gestalten und helfen Konflikte zu lösen, sind ebenfalls fester Bestandteil des Alltags. Der Klassenraum wird von den Schülern und Schülerinnen selber gestaltet und so zu einer vorbereiteten Lernumgebung. Die geschlossene Klassentür bedeutet meistens, dass eine Klasse nicht gestört werden will, ist die Tür nur angelehnt, darf eingetreten werden. Schülertreffs, Klassenräume und Flure werden von den Kindern häufig nach festgelegten Plänen geputzt. Zu den Schulritualen gehören auch die Wahl des Klassensprechers/der Klassensprecherin und die Geburtstagsvergünstigungen.

Natürlich ist der erste Schultag für die meisten kleinen Neulinge aufregend. Je behutsamer sie jedoch darauf vorbereitet wurden, desto mehr können sie ihre Einschulung genießen.

Einschulungen laufen in vielen Grundschulen Jahr für Jahr nach einem bestimmten Muster ab, das sowohl den Kindern und ihren Eltern als auch den Lehrern und Lehrerinnen Beständigkeit und Sicherheit vermittelt. Der große Tag für die Erstklässler folgt einem bestimmten Ritual, zu dem neben der Schultüte auch die Begrüßungsworte der Schulleiter sowie das Verteilen der orangenen Verkehrsmützen durch die Klassenlehrerin und ein Gottesdienst in der Ortskirche gehören. Eine anschließende Feier im Familienkreis mit den Großeltern und Geschwistern macht deutlich, dass die Kinder nun wieder einen neuen Lebensabschnitt begonnen haben.

Schon bei seinem Bruder Tilmann hatte der 6-jährige Thomas das Ritual der Einschulung miterlebt. Das gemeinsame Basteln der Schultüte, der Besuch eines Gottesdienstes am

ersten Schulmorgen, die feierlichen Worte der Rektorin der Grundschule und das obligatorische Theaterstück der Drittklässler waren auch seine Erlebnisse am ersten Schultag. Ohne Angst und Unsicherheit konnte er deshalb mit seiner Schultüte im Arm der neuen Lehrerin ins Klassenzimmer folgen und seine Eltern auf dem Schulhof zurücklassen.

Der wohl bekannteste und am weitesten verbreitete Ritualgegenstand der Einschulung ist die Schultüte. Prall gefüllt mit Süßigkeiten, Spielzeug, Schulsachen und guten Wünschen dokumentiert sie eindeutig, was den Träger an diesem Tag erwartet. Sein Status als Schulkind wird deutlich, und die Angst vor dem Unbekannten tritt hinter seinem Stolz ein Stück zurück.

Viele Eltern oder auch Erzieherinnen nehmen längst die Arbeit auf sich, gemeinsam mit den Kindern die Schultüte für ihren großen Tag zu basteln und zu gestalten. Die Farbe wird gemeinsam bestimmt, ein Thema gewählt und dann geht es voller Vorfreude an die Arbeit. Die Besonderheit der Einschulung, aber auch die Bedeutung des Wechsels vom Kindergartenkind zum Schulkind wird so eindrucksvoll in Szene gesetzt.

Oft können die kleinen Erstklässler kaum noch über ihre Tüte hinwegsehen, brechen unter ihrem Gewicht fast zusammen – aber hergeben wollen sie ihre Schultüte sicher nicht. Sie wandert am ersten Tag mit ins Klassenzimmer und steht abends beim Einschlafen neben ihrem Bett. Und noch lange nach der Einschulung findet man bei vielen Kindern die leere Schultüte als Andenken im Kinderzimmer.

Frank (6) war ein sensibler, schüchterner Junge, der sich nur langsam an neue Dinge gewöhnte. Schon im Kindergarten hatte es eine Weile gedauert, bis er sich wohl fühlte. Jetzt stand seine Einschulung bevor, und es war ihm anzumerken, dass ihn der Gedanke daran beunruhigte. Obwohl seine Eltern ihm immer wieder versicherten, dass die Schule interessant sei und er dort viele Dinge lernen würde, wollte Frank über das Thema nicht reden und wirkte verschlossen und abweisend. Da beschlossen Franks Eltern mit ihrem Sohn einen ganz besonderen Nachmittag zu verbringen. Sie kauften bunte Bastelmaterialien für eine Schultüte, Buchstabenkekse und besorgten ein Vorlesebuch zum Thema Schule. Den gesamten Nachmittag verbrachten sie dann gemeinsam beim Basteln der Schultüte, knabberten die Kekse und abschließend wurde auch noch aus dem neuen Buch vorgelesen. Frank war total begeistert und nach und nach stellte er sogar Fragen über die Schulzeit der Eltern. Seine selbst gebastelte Schultüte stellte er in sein Zimmer, und es war ihm deutlich anzumerken, dass er der Schule nun viel positiver entgegensah.

 ## Angst vor der Einschulung

Marion (6) war ein ruhiges und zurückhaltendes Mädchen, das im Kindergarten im Hintergrund stand und sich lange Zeit nur sehr vorsichtig neuen und unbekannten Situationen und Personen näherte. Da sie im Sommer eingeschult werden sollte, machten sich ihre Eltern große Sorgen, wie das sehr ängstliche Kind auf die unbekannte Situation reagieren würde. Besonders auch deshalb, weil sie beim Probeunterricht in der neuen Schule weinend aus dem Klassenzimmer gelaufen war und sich weigerte, mit den anderen Kindern diese Stunden zu verbringen. Leider kannte Marion auch keines der Kinder, die mit ihr eingeschult werden würden, und weigerte sich schon im Vorfeld standhaft, überhaupt in die Schule zu gehen. Marions Mutter entwickelte dann den Plan, in den Sommerferien zwei- bis dreimal in der Woche gemeinsam mit ihrer Tochter, dem jüngeren Bruder und ein oder zwei Freundinnen von Marion Schule zu spielen. Ein Klassenzimmer wurde improvisiert, eine Tafel aufgebaut und dann begann ein Rollenspiel, bei dem der echte Schulalltag geprobt wurde. Manchmal spielte auch der Vater mit und alle hatten großen Spaß dabei. Marion durfte als erste die Lehrerin spielen, alle Mitspieler mussten ihre Fragen beantworten, wurden an die Tafel gerufen oder unverhofft aufgerufen. Wenn sie nicht aufgepasst hatten, gab es manchmal sogar einen Eintrag ins Klassenbuch. Dann wurden die Rollen getauscht und jeder durfte einmal die Lehrerin spielen. Alle passten auf, dass möglichst viele Situationen, die auch in der echten Schule passieren, in das Spiel eingebaut wurden. Marion wurde immer sicherer, und bei ihrer Einschulung hatte sie die Angst verloren und freute sich auf die neuen Erfahrungen.

Auch mit älteren Schulkindern, die aufgrund einer schlechten Erfahrung keinen Mut mehr aufbringen, sich im Unterricht zu melden, können durch rituelle Rollenspiele ihre Verhaltensweisen verändert werden.

Eine hilfreiche Übung, die man mit seinem Kind regelmäßig durchführen kann, soll ihm klarmachen, dass es nicht so leicht zu erschüttern ist und fast immer eine Antwort auf die Frage des Lehrers geben kann, ohne nervös und unruhig zu werden.

Dazu setzt es sich auf einen Stuhl und stellt beide Beine fest auf den Boden. Das Kind soll spüren, wie fest und stabil der Boden ist, wieviel Sicherheit er vermittelt. Vielleicht kann es sich noch vorstellen, dass aus seinen Füßen Wurzeln wachsen, die ganz fest mit der Erde verbunden sind. Die Wurzeln unterstützen das Kind mit den Energien der Erde, damit es sich gut getragen und gut genährt fühlt. Dann soll das Kind noch einmal tief durchatmen bevor es auf eine Frage antwortet. Es lernt dabei, ganz bei sich zu sein, sich von der Kraft der Erde nähren und tragen zu lassen und Abstand zu der angeblichen Bedrohlichkeit der Frage zu bekommen.

Diese Übung sollte zu Hause immer wieder einmal spielerisch geprobt werden, damit das Kind sich in der akuten Situation in der Schule wie von selbst sammeln kann und dann fähig ist, auf die gestellten Fragen gelassen zu antworten.

Natürlich kann die Schule selber viel dazu beitragen, dass die jungen Erstklässler sich wohl fühlen. Ein besonders schönes Ritual ist, einen Tag in der Woche als Märchentag zu benennen. An diesem Tag steht alles, was die Kinder im Unterricht lernen und tun, unter dem Einfluss eines besonderen Märchens. Rechenaufgaben stellen Märchenfiguren, es wird etwas aus dem Märchen gebastelt und natürlich wird es vorgelesen. Die Vorfreude auf diesen Tag hilft den Kindern die Woche einzuteilen und einen Überblick zu bekommen.

Immer wieder sind Kinder krank und können am Unterricht nicht teilnehmen. Um sie nicht zu vergessen oder aus der Gemeinschaft auszugliedern, schreiben manche Klassen den kranken Kindern Briefe oder malen ihnen Bilder. Die Namensliste an der Tafel kann mit einer Klammer oder einer Klemmfigur auf die Kindernamen zeigen, die an diesem Tag fehlen. So weiß jedes Kind, wenn ich einmal krank bin, dann vergessen mich die anderen sicher nicht, denn mein Name ist ja gekennzeichnet. Es fällt dann leichter, die Krankheit zu ertragen und abzuwarten, bis die Schule wieder besucht werden kann.

 Integration in die Klasse

Nicht alle Kinder finden gleich in den ersten Tagen ihren Platz in der neuen Gemeinschaft. Vielen fällt es schwer, die fremden Räume, die unterschiedlichen Gesichter und die zuständige Lehrerin oder den Lehrer sofort zu mögen und sich auf das Lernen einzustellen.

Michael (6) war schon einige Monate in der ersten Klasse, aber noch immer stand er in vielen Pausen alleine auf dem Schulhof und schaffte es nicht, sich dem Spiel der Kinder anzuschließen. Er hatte bisher keinen Freund gefunden und fühlte sich deswegen in der Schule nicht richtig wohl. Nach einem Gespräch mit der Lehrerin hatte seine Mutter herausgefunden, dass einige der Jungen aus der Klasse bestimmte Sammelbilder kauften und untereinander tauschten. Sie schenkte ihrem Sohn ein solches Sammelheft und kaufte ihm am Abschluss jeder Woche ein oder zwei Päckchen mit Bildern. Schon bald hatte Michael einige doppelte Sammelbilder und traute sich, andere Jungen aus seiner Klasse auf einen Tausch anzusprechen. Die kleinen Geschenke seiner Mutter halfen ihm, ein gemeinsames Hobby mit den anderen Kindern zu finden. Sie vermittelten ihm aber auch den Stolz und die Anerkennung seiner Mutter für jede Woche in der neuen Schule, die er hinter sich brachte.

Für Kinder, die ein schwaches Selbstbewusstsein haben, ist es sehr wichtig ihre eigenen Bereiche zu haben, in denen sie gut sind und aus denen sie Kraft schöpfen. Ein eher unsportliches Kind zum Beispiel, das in den Schulpausen nicht mit den anderen zum Fußballspielen aufgefordert wird, braucht einen Ausgleich, um sich als vollwertiges Mitglied in der Klassengemeinschaft zu fühlen.

 Morgens aus dem Bett kommen

Das Schulsystem stellt eine Menge Anforderungen an die neuen Schüler und Schülerinnen, die nicht von allen problemlos erfüllt werden können. Das regelmäßige, frühe Aufstehen kann schon am Morgen zu Streit und Hektik führen. Erst kommt das Kind nicht aus dem Bett, dann nicht schnell genug in seine

Kleidung, zu guter Letzt hat es keine Zeit mehr zum frühstücken und vergisst in der Eile vielleicht noch ein wichtiges Heft für den Unterricht oder sein Frühstück.

Falls ein Schulalltag regelmäßig mit solch einem Morgendrama beginnt, ist es höchste Zeit die Bremse zu ziehen. Ein schlechter Start in die erste Schulstunde führt auf Dauer dazu, dass das Kind überhaupt nicht mehr aufstehen möchte. Es verschläft absichtlich, bekommt vielleicht Magenschmerzen und klagt häufig über Schulunlust. Mit Ritualen kann ein solcher Tagesbeginn deutlich erleichtert werden.

Susanne (6) hat sich riesig auf den Schulbesuch gefreut, aber morgens ist sie kaum aus dem Bett zu kriegen. Immer wieder muss sie gerufen werden, damit sie aufsteht. Sie träumt schläfrig vor sich hin, zieht sich nur an, wenn jemand daneben steht, und vergisst regelmäßig das Zähneputzen. Mit jeder Minute, die Susanne länger braucht, steigt die Hektik in der Familie. Schließlich steht ihre Mutter neben ihr, um sie anzuziehen, während Susannes Vater das Schulbrot macht und ihren Ranzen packt. Die Eltern beschließen, dass es so nicht weitergehen soll.

Jeden Abend pünktlich um 7 Uhr vor dem Abendessen bereitet Susanne nun den folgenden Tag mit ihrem Vater vor. Sie ordnen den Ranzen gemeinsam, suchen passende Kleidung heraus und schauen in den Kühlschrank, um das Frühstück zu besprechen. Dann erhält Susanne noch den Auftrag, die Eltern morgens zu wecken. Susanne bekommt dafür einen eigenen Wecker, der fünf Minuten vor der Uhr der Eltern klingelt. Nach dem Wecken liegt die Familie noch zehn Minuten zusammen im Bett, um dann gemeinsam aufzustehen. Während die Eltern das Frühstück vorbereiten, hat Susanne genügend Zeit, um sich anzuziehen. Susanne muss zwar anfangs noch ab und zu unterstützt werden, aber von Tag zu Tag klappt das Aufstehen nun besser.

Gerade beim Start in einen neuen Lebensabschnitt sollten sich alle Beteiligten Ruhe und Zeit nehmen, um eine praktikable Lösung zu finden. Es ist also wichtig, den Wecker auf einen frühen Zeitpunkt zu stellen, damit auch kleine unvorhersehbare Missgeschicke nicht alles durcheinander bringen. Das Aufstehen sollte durch eine liebevolle Geste eingeleitet werden, vielleicht kuschelt die Familie noch zehn Minuten miteinander oder nimmt sich die Zeit, die Pläne für den Nachmittag durchzusprechen.

Vieles kann schon am Abend vorher gemeinsam mit den Kindern vorbereitet werden. Den Ranzen sortieren und die richtigen Bücher einpacken, die Anziehsachen für den nächsten Tag zusammen rauslegen und besprechen, was die Kinder zum Frühstück mit in die Schule nehmen möchten. Schulanfänger brauchen besonders in den ersten Wochen liebevolle Unterstützung aber auch konsequentes Verhalten ihrer Eltern.

Ulf (8) ist ein echter Langschläfer und kommt morgens wirklich nur langsam aus dem Bett. Er trödelt dann lange Zeit im Bad herum und nutzt jede Gelegenheit, um sich noch einmal auszuruhen. Beim Frühstück nörgelt er und bringt keinen Bissen herunter. Immer steht das Falsche auf dem Tisch, auf das er genau an diesem Morgen keine Lust hat. Regelmäßig kommt er zu spät zur Schule, weil er seinen Füller, sein Mäppchen oder ein bestimmtes Buch nicht findet.
Um diesen unhaltbaren Zustand zu verändern, haben Ulf und sein Vater eine Absprache getroffen. Sie wechseln sich beim Decken des Frühstückstisches ab, und zwar jeden Abend. Ulf darf an den Abenden, an denen er mit Decken an der Reihe ist, eine halbe Stunde länger als sonst aufbleiben. Manchmal wird seine Mühe noch durch ein kleines Leckerli belohnt, das sein Vater als Überraschung auf Ulfs Teller legt. Durch dieses Ritual wird Ulfs Neugierde geweckt, was sein Vater ihm wohl auf den Teller gelegt haben mag. Außerdem spart es kostbare Zeit am Morgen, so dass alle etwas mehr Ruhe haben.

Einige Mütter und Väter haben selber Probleme, sich morgens im Dunklen und Kalten aus dem Bett zu begeben. Und die Vorstellung, nun die Kinder zu hetzen und das Frühstück zuzubereiten macht ihnen keine Freude. Viel leichter fällt es, wenn die Mutter oder der Vater, je nachdem wer für das Morgenprogramm zuständig ist, nach dem ersten Weckton der Uhr zunächst mal das Bett ihres Kindes aufsuchen. Dort können sich Eltern und Kinder gegenseitig wach kuscheln und sich Lust auf den Tag machen. Ein bisschen gegenseitiges Mitleid, wie hart es doch ist jetzt zur Arbeit zu gehen oder in die Schule, kann auch nicht schaden.

Robin (6) liebt es lange zu schlafen. Abends kommt er nicht zur Ruhe und morgens nicht aus dem Bett. Auch sein Vater, der für den morgendlichen Weckdienst zuständig ist, mag das frühe Aufstehen nicht besonders. Da gemeinsam vieles einfacher ist, stellt Robins Vater sich seinen Wecker 10 Minuten eher und krabbelt nach dem Klingeln noch mal zu seinem Sohn ins Bett. Dort kuscheln sich die beiden gegenseitig wach, bis sie lachend aus dem Bett fallen.

Natürlich sollen und können Rituale keine Menschentypen verändern. Es gibt eben Kinder, die haben ein langsames Tempo, und dies wird sich auch durch eine rituelle Gestaltung des Schulmorgens nicht verändern. Das Ritual, hier ist es die regelmäßige Vorbereitung am Abend und das gemeinsame Kuscheln und Munterwerden am Morgen, steckt lediglich den Rahmen fest, in dem das Kind sich bewegen sollte. Es bietet Anhaltspunkte und Wegweiser, damit es sich mit den neuen Anforderungen zurechtfindet. Solange es sie braucht, ist ein Ritual eine angenehme Stütze, um Dinge zu erleichtern, Halt und Sicherheit zu geben.

Anne (8) hat eine ganz besondere Art, wie sie morgens geweckt wird. Ihr Kinderzimmer ist im ersten Stock ihres Hauses, das der Eltern ein Stockwerk höher. Ein Haustelefon verbindet die einzelnen Räume, so dass jedes Familienmitglied leicht erreichbar ist. Es gibt auch an Annes Bett einen Apparat, und jeden Morgen, wenn der Wecker bei ihren Eltern am Bett geklingelt hat, greift Annes Vater zum Hörer und ruft seine Tochter mit den Worten an: „Hier ist der telefonische Weckdienst, es ist sieben Uhr, Fräulein Anne, Sie müssen jetzt aufstehen!"
Dieses Ritual macht Anne unglaublich viel Spaß, weil sie sich so sehr wichtig vorkommt.

Bei älteren Schulkindern ist es wichtig, mit ihnen gemeinsam zu überlegen, wie sie das allmorgendliche Aufstehen am besten bewältigen können. Ihre eigenen Ideen sollten ausprobiert werden. Manchmal hilft ein Radiowecker oder eine Uhr, die die Zeit mit großen Ziffern an die Zimmerdecke projiziert.

„... und dann klopft mein Herz immer ganz laut!"
Rituale gegen Leistungsdruck und Lernblockaden einsetzen

Der Schulalltag und die Lernsituationen in einer Schulklasse sind nicht für alle Kinder einfach. Positive Rückmeldung und eine unterstützende Haltung der Eltern gegenüber dem Schulkind sind gerade in den ersten Wochen enorm wichtig, damit sich der kleine Schulneuling zumindest zu Hause sicher und geborgen fühlt, und so für jeden neuen Tag gerüstet ist.

Gerade beim Einstieg in eine fremde Klasse oder Schule müssen die Kinder sich mit großen Gruppen, neuen Lehrern und Lehrerinnen, unbekannten Gebäuden, hohen Leistungsanforderungen und einem fremden sozialen Gefüge vertraut machen.

 *Schüchterne und ängstliche Kinder stärken*

Die vielen unterschiedlichen Anforderungen machen manchen Kindern große Probleme, die bei einigen dazu führen können, sich ganz vom Unterrichtsgeschehen zurückzuziehen und sich aus Unsicherheit oder Angst nicht mehr zu beteiligen.

Ihre Angst aufgerufen zu werden ist groß, und vor lauter Herzklopfen können sie sich nicht mehr auf die richtige Antwort konzentrieren. So passiert es, dass sie aus lauter Nervosität ihr Wissen nicht demonstrieren können und schlechte Noten, Tadel oder im schlimmsten Fall auch Hohn und Spott von den Mitschülern und Mitschülerinnen einstecken müssen. Dies führt dazu, dass sie noch mehr Angst entwickeln und sich in einen unheilvollen Teufelskreis begeben. Diese schüchternen und ängstlichen Kinder können jedoch lernen, mit der angstbesetzten Situation umzugehen, und Rituale in Form von Schul-Rollenspielen können ihnen dabei gut helfen.

Schulangst aktiv besiegen

Auch bei älteren Schulkindern, die aufgrund einer schlechten Erfahrung keinen Mut mehr aufbringen, sich im Unterricht zu melden, kann man durch regelmäßige Rollenspiele das Verhalten positiv beeinflussen.

Es gibt hilfreiche Übungen, die man mit seinem Kind trainieren kann, und die ihm verdeutlichen sollen, dass es nicht so leicht zu erschüttern ist und immer eine Antwort auf die Frage des Lehrers geben kann, ohne nervös und unruhig zu werden.

Sara (8) hat Angst vor der Schule. Den genauen Grund kann sie nicht sagen, aber wenn sie aufgerufen wird oder etwas vorlesen soll, bekommt sie Herzklopfen und traut sich nicht, etwas zu sagen. In den Pausen fühlt sie sich alleine. Mit ihrer Mutter macht sie deshalb jeden Morgen eine Übung, die ihr Ruhe, Sicherheit und Gelassenheit vermittelt. Sie stellt sich vor, wie der jeweilige Schultag verlaufen soll. Beim Aufrufen hat sie die richtigen Antworten zur Hand, in einer Klassenarbeit schreibt sie ruhig und gelassen eine gute Note und in den Pausen neckt und freut sie sich mit ihren Freundinnen auf dem Schulhof. Diese positiven Vorstellungen des Schultages lenken Saras Verhalten in eine positive Richtung, ihre negativen Erwartungen werden in den Hintergrund geschoben. Nach und nach wirkt sich diese Übung auf Saras Schulverhalten aus, sie gewinnt an Selbstbewusstsein, wird sicherer und verliert ihre Angst.

In vielen Familien gehört die tägliche Frage: „Wie war es denn heute in der Schule?" fest zum Tagesprogramm. Diese Frage bietet eine gute Gelegenheit, über alles zu sprechen, was in der Schule passiert ist. Dabei werden auch unangenehme Situationen angesprochen, und die Familie kann sich gemeinsam überlegen, wie das Kind künftig auf solche Probleme reagieren könnte. Das Ritual bietet aber auch die Gelegenheit über positive Erlebnisse zu berichten, die dann zeigen, dass in der Schule nicht alles schlecht ist, und dass es auch Stunden gibt, die Spaß machen und in denen das Schulkind Erfolge nachweisen kann.

Tine (9) wurde jeden Morgen von ihrer Mutter mit dem Auto in die Schule gefahren, weil es so am praktischsten war. Bevor sie ausstieg und den Schultag mit neuem Mut in Angriff nehmen konnte, bekam sie immer von ihrer Mutter einen Kuss auf den Kopf und wurde mit den Worten: „Machs gut, mein Engel" verabschiedet. Sowohl für die Mutter als auch für Tine war dieses Ritual ein wichtiges Mittel, um gestärkt und voller Selbstbewusstsein den Schulalltag zu beginnen.

Das Mädchen vergewissert sich in diesem Beispiel täglich neu, woher es kommt und wohin es geht. Die Schule als fremde Umwelt, als manchmal beängstigende Umgebung wird so mit dem Segen der Mutter beschritten.

Natürlich gehören uneingeschränktes Lob für gute Ergebnisse und Leistungen in der Schule unbedingt dazu, das Selbstbewusstsein zu stärken und die Motivation für Leistungen zu erhöhen. Diese Regelmäßigkeit von Gesprächen gibt dem Kind Sicherheit, dass alles angesprochen werden kann, was an sich schon eine besondere Form der Verarbeitung von Erlebtem ist, und das Interesse der Familie an den Sorgen, Ängsten und

Nöten jedes Kindes deutlich zeigt. Hier kann auch erzählt werden, dass der Vater oder die Mutter ebenfalls angstbesetzte Situationen aus ihrem Schulalltag kennen und diese im Laufe der Zeit bewältigt haben. Sie können fragen, was dem Kind seiner Ansicht nach helfen kann, was es braucht, damit seine Angst kleiner wird. Das Kind fühlt sich dann ernst genommen und nicht alleine gelassen.

Sven war eigentlich ein guter Schüler, und mit seinen zehn Jahren konnte er auf ganz beachtliche Schulleistungen zurückblicken. Als in der fünften Klasse jedoch Englisch zu seinen Unterrichtsfächern dazu kam, entwickelte er die Vorstellung, dass er diese Sprache niemals lernen würde. Er hatte große Probleme die Vokabeln zu behalten, mochte keine englischen Texte vorlesen und hatte Angst, im Englischunterricht aufgerufen zu werden. Sven erzählte seiner Familie von diesen Sorgen. Um ihren Sohn zu unterstützen, wurde das tägliche Mittagessen ab sofort in einen „lunch" umgewandelt. Alle versuchten während der gesamten Mahlzeit eine englische Unterhaltung zu führen und alle Gegenstände und Vorgänge mit den entsprechenden Vokabeln zu bezeichnen. Dies war besonders lustig, da Svens kleine Schwester überhaupt noch kein Englisch sprechen konnte, sich aber ebenso wie Svens Eltern bemühte, kein deutsches Wort zu sprechen. Sven erhielt auf diese Weise einen spielerischen Zugang zu der Sprache, und er stellte fest, dass er seiner kleinen Schwester sogar schon ein paar englische Wörter beigebracht hatte. Seine Leistungen verbesserten sich, und obwohl Sven kein Sprachgenie wurde, hat er dennoch akzeptable Noten und seine Aversion gegen die englische Sprache weitgehend abgebaut.

Es hilft auch, wenn sich Kinder und Eltern ganz genau überlegen, warum die Schule keinen Spaß macht. Dazu kann eine feste Struktur entwickelt werden, die sowohl den Zeitpunkt als auch den Rahmen der Reflexion festlegt. Sind die negativen

Dinge erst einmal benannt, ist es leichter, sie zu verändern. Werden sie den positiven Ereignissen gegenübergestellt, so sieht das Schulkind deutlich, dass es durchaus auch schöne Momente im Schulalltag gibt, für die sich das Lernen und der Schulbesuch lohnen.

Mara (8) ist in der dritten Klasse und hat Probleme mit ihrer Klassenlehrerin. Sie fühlt sich unverstanden und ungerecht behandelt. Nun hat sie ihren ersten Test geschrieben und eine schlechte Bewertung erhalten. Mara verliert die Lust an der Schule und empfindet es als unangenehmen Zwang, jeden Tag den Unterricht zu besuchen. Eine diffuse Ablehnung der Schule macht es ihr und ihren Eltern schwer, an der Situation etwas zu verändern.
Um klarer zu sehen entwickeln sie einen Plan, den sie jeden Tag nach der Schule gemeinsam ausfüllen.

 *Strukturplan Schule*

Der Strukturplan wird täglich zur selben Zeit, oder wöchentlich immer am gleichen Tag gemeinsam ausgefüllt. Er bietet einen Gesprächsanlass zusammen genau hinzusehen, was in der Schule wirklich schlecht ist, und was es auch an guten und schönen Ereignissen gibt. Anschließend wird überlegt, was gegen die ärgerlichen Vorkommnisse getan und wo Hilfe gesucht werden kann.

Nach einiger Zeit wird das Kind sehen, dass es selbst etwas gegen die ärgerlichen oder angstbesetzten Ereignisse tun oder sich Hilfe organisieren kann. Alte Pläne können gemeinsam auf Veränderungen hin angeschaut werden. Entwicklungen werden deutlich, Problembereiche klar herausgearbeitet, und somit gibt der Strukturplan den Eltern und dem Kind deutliche Hinweise, was und wie verändert werden kann und sollte.

Woche 1	Was hat heute Spaß gemacht?	Was hat mich heute geärgert?	Was kann ich ver-ändern und wie mache ich das?	Was oder wer könn-te mir da-bei helfen?
Montag				
Dienstag				
Mittwoch				
Donnerstag				
Freitag				

„Auf einmal hatte ich nur noch Watte im Kopf!"
Angst vor Klassenarbeiten und schlechten Noten besiegen

Immer wieder entwickeln Schüler und Schülerinnen, die sonst normale Leistungen erbringen, vor Tests und Klassenarbeiten große Angst, so dass sie nicht in der Lage sind, die gestellten Fragen überlegt zu beantworten. Vor lauter Herzklopfen ist es ihnen nicht möglich sich auf alle Fragen gleichermaßen zu konzentrieren.

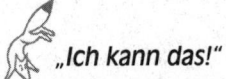 *„Ich kann das!"*

Hilfreich sind hier Leitsätze (Affirmationen), die das Kind sich im Alltag aber auch in besonderen Stresssituationen vorsagen kann. Zum Beispiel: „Ich habe immer gute Ideen und kann alle Fragen beantworten", oder „Ich gebe immer mein bestes und das ist gut", oder „Ich bin gut vorbereitet, deshalb kann ich es schaffen", oder „Es geht von Tag zu Tag besser".

Diese Sätze können vom Kind aufgeschrieben werden, falls es dazu Lust hat, oder gemeinsam mit den Eltern gesungen werden. Dazu kann auch ein Bild gemalt oder ein bestimmtes Symbol erfunden werden. Vielleicht hat das Kind auch einen Glücksbringer, der bei der Klassenarbeit in der Hosentasche steckt und bei schwierigen Fragen kurz angefasst werden kann, um dem Kind Sicherheit und Ruhe zu geben. Ein besonderer Füller oder Bleistift, der immer Glück bringt beim Schreiben, kann ebenfalls solch eine Funktion erfüllen.

Björn (11) war vor Klassenarbeiten oder Tests immer sehr aufgeregt. Manchmal konnte er sich nur sehr schlecht darauf konzentrieren, was von ihm verlangt wurde. Und obwohl er kein schlechter Schüler war und die Aufgaben lösen konnte, machte ihm die Aufregung oft einen Strich durch die Rechnung. Bei Mathearbeiten machte er dann Zahlendreher, die das Ergebnis verfälschten, im Diktat bekam er vor Stress Satzteile nicht mit und in Sachkunde fielen ihm manchmal die leichtesten Antworten nicht ein. Björn besaß einen Kugelschreiber, den er bei einer Tombola gewonnen hatte. Da dieser Stift ja schon einmal mit Glück, nämlich dem Losgewinn, zu tun hatte, wurde er zu Björns „Glücksschreiber", der bei keiner Klassenarbeit fehlen durfte. Björn verband soviel Zuversicht mit diesem Stift, dass er Klassenarbeiten immer gelassener entgegensah. Und je öfter er mit seinem Stift eine gute Arbeit geschrieben hatte, desto sicherer wurde er vor der nächsten. Nach einigen Monaten war er von seinen Leistungen selbst so überzeugt, dass der Kugelschreiber immer unwichtiger wurde.

Manchen Kindern hilft es, für schlechte Leistungen eine Art Trostgeschenk zu bekommen, damit sie den Kummer besser verarbeiten und nicht so schmerzhaft empfinden. Solch ein Geschenk soll sagen, dass die Eltern die Anstrengungen des Kindes anerkennen, auch wenn das Ergebnis leider nicht erwartet gut ausgefallen ist. Die schlechte Note alleine ist manchmal schon Strafe genug für das Kind, solch ein Trostgeschenk gibt ihm Zuversicht und hilft ihm, sich bei der nächsten Arbeit wieder voller Selbstbewusstsein den gestellten Aufgaben zu widmen. So wird die Gefahr gebannt, dass ein Kind sich in eine Spirale verstrickt, aus Angst vor schlechten Noten so blockiert zu sein, dass es sich gar nicht auf die Leistungsanforderungen konzentrieren kann.

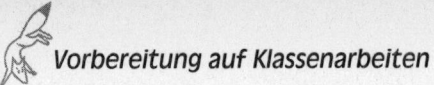

Weil Boris (9) weiß, dass er nicht bestraft wird, wenn er eine schlechte Klassenarbeit schreibt, muss er nicht so aufgeregt an den Tagen davor sein. Er hat mit seiner Mutter herausgefunden, wie er sich am besten auf Klassenarbeiten vorbereiten kann. Sie haben eine Art Talkshow entwickelt, in der die Mutter ihm bestimmte Fragen zu den Themen der Arbeit stellt, und Boris versucht sie so genau wie möglich zu beantworten. Das macht beiden immer viel Spaß, und Boris sieht genau, wo er noch Wissenslücken hat.

Klassenarbeiten üben einen besonders hohen Druck auf Schulkinder aus, da ihr Leistungsstand und ihr Können an einer konkreten Note abgelesen wird. Viele Kinder haben deshalb Angst vor Arbeiten und können sich dabei nicht richtig konzentrieren. Lernblockaden entstehen, die zu schlechten Bewertungen führen, die dann wiederum die Angst vor der nächsten Arbeit steigern. Diesen Teufelskreis können Kinder und Eltern nur durch eine sorgfältige Vorbereitung der jeweiligen Arbeit durchbrechen. Dies bedeutet natürlich zusätzliches Lernen und erhöht den Aufwand, der für die Schule betrieben wird.

Hilfreich ist auch hier ein Plan, in dem die genauen Termine für die Arbeiten eingetragen werden, sobald das Kind sie erfährt. Im Vorfeld der Klassenarbeit werden dann drei Termine vereinbart, an denen die Eltern mit dem Kind den geforderten Stoff erarbeiten, wiederholen und festigen. So erhält das Schulkind eine stabile Grundlage, auf der es Sicherheit und Zutrauen in seine Fähigkeiten und seinen Kenntnisstand entwickelt. Je besser es vorbereitet ist, und je mehr die Eltern es für seine Anstrengungen loben, desto sicherer wird es in die Arbeit gehen und sich nicht von Ängsten und Sorgen ablenken lassen.

1. Gut sichtbar einen Plan aufhängen, auf dem jede Klassenarbeit eingetragen wird

2. Drei Tage vor der Arbeit zum ersten Mal üben.

3. Zwei Tage vor der Arbeit erneut üben.

4. Einen Tag vor der Arbeit den Stoff wiederholen.

Wichtig ist hier auch manchmal ein Belohnungsritual, damit das Kind sich den Anforderungen erneut stellt und sein Bestes gibt, um sie zu erfüllen. Die Note, die letztlich unter der Arbeit steht, ist nicht das Ziel, sondern die Motivation und das Selbstbewusstsein des Kindes zu stärken, damit es sich von Mal zu Mal besser den Leistungsanforderungen gewachsen fühlt. Auch eine schlechte Note, für die ein Kind geübt hat, muss als Anstrengung anerkannt werden, sonst geht seine Motivation verloren.

Patrick (11) ist in der fünften Klasse und hat als erste Fremdsprache Französisch gewählt. Die ungewohnte Sprache bereitet ihm große Schwierigkeiten, und der eher naturwissenschaftlich begabte und interessierte Junge macht in den ersten Vokabeltests viele Fehler. Seine Angst zu versagen und bei den folgenden Arbeiten ebenfalls schlechte Noten zu bekommen wächst von Test zu Test. Patrick hat sich einen Plan gemacht, auf dem verzeichnet ist, wann er für die Französisch-Vokabeltests zu üben beginnen muss. Es ist ein drei Stufen Plan, der besagt, dass er drei Tage vor dem Test alle Vokabeln einmal abschreibt. Zwei Tage vor dem Test hört seine Mutter die Vokabeln ab und am letzten Tag vor der Arbeit simulieren sie einen Vokabeltest und korrigieren die restlichen Fehler, die Patrick noch macht, gemeinsam. Dieser stabile Übungsplan gibt Patrick viel Sicherheit, so dass er ohne große Versagensängste in die Klassenarbeiten gehen kann.

Dieses hilfreiche Übungsritual vor Klassenarbeiten funktioniert nur, wenn es gemeinsam von Kind und Eltern entwickelt und akzeptiert wird. Die darin geforderte Konsequenz und das Durchhaltevermögen können nur eingehalten werden, wenn die beteiligten Parteien von dem Sinn des Rituals überzeugt sind. Eine einseitige Festlegung durch die Eltern führt häufig nur zu Widerständen und Machtkämpfen, die den Leistungsdruck noch verstärken. Andererseits muss sich das Schulkind darauf verlassen können, dass die Übungszeiten auch von Seiten der Eltern konsequent eingehalten werden und es nicht das Gefühl bekommt, die Eltern ständig von wichtigen Dingen abzuhalten und mit seinem Üben zu stören.

Dieses kontinuierliche und regelmäßige Vorbereiten auf Arbeiten und Tests nach einem festgelegten Plan, der von Kindern und Eltern gemeinsam entwickelt wurde, hilft Angst vor Arbeiten zu reduzieren, Unsicherheiten abzubauen und vermittelt den Kindern Selbstbewusstsein und Sicherheit, so dass sie gut vorbereitet sind und in der Arbeit nicht versagen werden. Akute Angstzustände und Lernblockaden während einer Arbeit werden mit diesem Vorgehen reduziert und treten nach und nach immer seltener auf.

„Mein Schreibtisch ist viel zu klein!"
Hausaufgaben können auch Spaß machen

Mit dem Unterrichtsschluss in der Schule ist für Eltern und Kinder der Schulalltag noch nicht abgeschlossen. Fast jeden Tag gibt es Hausaufgaben, die für den nächsten Tag erledigt werden müssen. In den meisten Schulen wird nach wie vor davon ausgegangen, dass die Eltern, in den meisten Fällen ist es die Mutter, sich um die Hausaufgaben ihrer Kinder kümmern und dafür sorgen, dass diese für den nächsten Tag vollständig und ordentlich gemacht sind.

Arne (6) ist in der ersten Klasse und hat sich noch nicht daran gewöhnt, dass er nun regelmäßig für die Schule Hausaufgaben machen muss. Wenn der Unterricht beendet ist, wirft er seinen Ranzen in die Ecke und denkt nicht mehr an die Schule. Seine Eltern können ihn kaum dazu bewegen, den Sinn der Hausaufgaben einzusehen und sie ernsthaft zu erledigen. Mal macht Arne sie direkt nach der Schule, mal erst abends und manchmal noch schnell vor dem Frühstück. Immer jedoch ist er quengelig und erledigt die Aufgaben lustlos.

Um diese Situation zu verändern, hat Arne sich eine feste Zeit ausgedacht, zu der er die Aufgaben erledigt. Und als besonderen Anreiz darf er den Schreibtisch seiner Mutter benutzen, der ansonsten für die Kinder tabu ist. Hat er seine Aufgaben besonders schön und zügig erledigt, bekommt er noch ein kleines Tütchen Gummibärchen.

Kinder, die Probleme beim oder mit dem Lernen haben, sich schlecht konzentrieren können und nachmittags mit der Schule und den Hausaufgaben nichts mehr zu tun haben wollen, können in einer Familie die Hausaufgabensituation zu einem großen Problem machen. In vielen Familien leiden Eltern und Kinder unter den Anforderungen der Schule, dass die Hausaufgaben ordentlich und vollständig gemacht sein müssen.

Schulkinder, die Probleme haben ihre Hausaufgaben selbständig zu erledigen, denen die Motivation und der Spaß daran fehlt, liefern sich Tag für Tag kleine und große Machtkämpfe mit ihren Eltern. Diese täglichen Auseinandersetzungen überschatten das Familienleben, grenzen den Themenbereich der Familie auf die Schule ein und belasten das Verhältnis zwischen Kindern und Eltern oft sehr stark, manchmal bis an die Grenze des Zumutbaren.

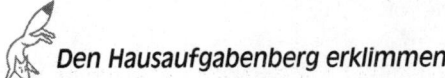

Den Hausaufgabenberg erklimmen

Schulkinder, die unter dem Druck der Hausaufgaben leiden und sich täglich dagegen wehren, können anhand von liebgewordenen Ritualen für sich und ihre Eltern Hilfe und Unterstützung bekommen. Voraussetzung dafür ist jedoch, dass das Kind grundsätzlich in der Lage ist, intellektuell dem Schulstoff gewachsen zu sein. Eine eventuell vorliegende Lernbehinderung oder Teilleistungsstörung kann allein durch Rituale nicht behoben werden, auch hier können sie jedoch einen stützenden Rahmen bieten.

Die Bewältigung der täglichen Hausaufgaben liegt für viele Kinder wie ein Berg vor ihnen, sie scheuen sich vor dem ersten Schritt, weil sie die Höhe des Berges nicht erfassen können. Klare Strukturen müssen geschaffen werden, um dem Schulkind einen Überblick auf die Anforderungen zu verschaffen.

Wichtig ist es, mit dem Kind gemeinsam einen klaren Zeitrahmen abzustecken, in dem die Hausaufgaben gemacht werden, egal ob sie nun alle bewältigt werden oder nur ein Teil.

Paul (10) hatte es sich angewöhnt, zu Beginn seiner Schulaufgaben ein Glas Wasser zu trinken und einige Konzentrationsübungen zu machen. Nach seiner Erfahrung fand er so viel leichter einen Einstieg in das Lernen und war schneller mit den Aufgaben fertig. Es half ihm besonders, mit den Fingern ganz leicht auf seinen Augenbrauen zu trommeln und dann die Schläfen hoch bis auf den Scheitel zu wandern. Dies regte ihn an und brachte seine Gehirnzellen auf Trab. Er stellte sich immer vor, wie die einzelnen Gehirnzellen durch das Klopfen wachgerüttelt wurden.

Die liegende Acht, eine Übung aus der Kinesiologie, mit der Nase in die Luft zu malen fand Paul besonders lustig, da er sich dabei vorstellte, wo er die Acht gerade hin malte. Manchmal malte er sie auf den Rücken eines Elefanten im Zirkus, manchmal auf ein Flugzeug im Himmel oder auf einen großen Berg Vanilleeis.

Liegende Acht

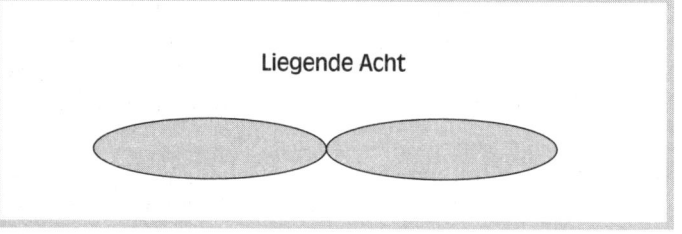

Der Zeitpunkt für die Erledigung der Hausaufgaben sollte gut gewählt sein und immer eingehalten werden, damit das Kind möglichst ausgeruht und störungsfrei arbeiten kann und verlässlich nach der ausgemachten Zeitspanne seine Arbeit beenden kann.

Die Leistungsphasen sind bei jedem Kind unterschiedlich, manche sind direkt nach der Schule topfit, andere benötigen eine Ruhepause, um sich dann mit neuer Kraft den Hausaufgaben widmen zu können. In einigen Familien wird es auch sinnvoll sein, diese Arbeitszeit auf einen noch späteren Zeitpunkt zu legen, weil vielleicht ein Baby vorher zu Bett gebracht werden muss oder die Eltern erst spät von der Arbeit heimkehren. Wichtig ist in jedem Fall, dass ein Erwachsener in der Nähe ist, um eventuelle Rückfragen geduldig und entspannt beantworten zu können.

> Boris (8) ist nicht gerne alleine, auch nicht bei seinen Hausaufgaben. Da aber in seiner großen Familie selten jemand die Zeit hat, sich bei den Aufgaben neben Boris zu setzen, hat er sich eine andere Hilfe ausgedacht. Er holt sich seine Katze ins Zimmer und gibt ihr Futter, das diese dann während der Hausaufgaben frisst. Wenn Boris fertig ist, erklärt er die Futterpause für beendet und bringt das Haustier wieder zurück in den Garten.

Auch der Ort, an dem das Kind arbeitet, sollte nicht wechseln. Ein überschaubarer Arbeitsplatz ohne störendes Radio oder Fernseher, an dem ein Lexikon bereitsteht, Papier und Stifte, verhilft zu einer klaren Struktur. Das Kind wird die gleichbleibende Uhrzeit, den Ort und die Anwesenheit eines Erwachsenen schnell als konstanten Rahmen für seine Aufgaben zu schätzen wissen.

Viele Kinder erledigen ihre Hausaufgaben gerne in der Küche, während Mutter oder Vater kochen, aufräumen oder ebenfalls am Tisch sitzen und etwas lesen oder schreiben.

Manchmal werden die Hausaufgaben durch Händewaschen eingeleitet, durch ein bestimmtes Lied oder eine kleine Zwischenmahlzeit zur Stärkung. Jede dieser Handlungen vermittelt dem Kind, dass es sich nun für eine feste Zeitspanne mit den unumgänglichen Hausaufgaben beschäftigen wird.

Simone (8) fällt es nicht leicht, den gestiegenen Leistungs-anforderungen in der dritten Klasse nachzukommen. Mittags, wenn sie heimkommt, ist sie meistens sehr müde und hat keine Lust, ihre Hausaufgaben zu erledigen. Um die täglichen Auseinandersetzungen zu beenden, die es um die Hausaufgaben gibt, haben Simone und ihre Mutter eine Vereinbarung getroffen. Gemeinsam haben sie einen Plan erstellt, der die tägliche Hausaufgabensituation festlegt. Als Uhrzeit wählten sie 16 bis 17 Uhr, weil Simone sich nach der Schule gerne etwas ausruht und danach ihre Lieblingssendung im Fernsehen anschaut. Außerdem ist Simones Mutter dann schon einige Zeit zu Hause und ebenfalls ausgeruht. Sie nutzt diese Stunde, um in der Küche das Abendessen vorzubereiten und einen Einkaufsplan für den kommenden Tag zu erstellen. Beide haben also genau die Stunde für die Hausaufgaben reserviert und fest eingeplant, in der sie sich weder durch Telefonanrufe noch durch unangemeldete Besuche stören lassen. Die Abfolge der einzelnen Fächer ist genau festgelegt. Da Simone besonders ungern rechnet, macht sie diese Hausaufgaben zuerst, um sie schnell hinter sich zu bringen. Sind diese Aufgaben erledigt, dann wendet sie sich sichtlich entspannt dem Schreiben und Lesen zu oder bastelt noch etwas für den Sachunterricht. Nach Ablauf der Stunde, egal ob die Hausaufgaben vollständig erledigt sind oder nicht, spielen Simone und ihre Mutter noch etwas nach der geleisteten Anspannung. Beide mögen am liebsten Galgenmännchen, Schiffe versenken oder Kniffel.

Andere Kinder haben Schwierigkeiten, sich den engen Zeitplänen und den geforderten Richtlinien der Schule anzupassen. Sie vergessen einfach Aufgaben, weil sie sie für nicht so wichtig erachten. Der so genannte „Ernst des Lebens" ist ihnen noch nicht klar, wenn die Schultür ins Schloss fällt, möchten sie auch bis zum nächsten Tag nicht mehr daran denken.

Die achtjährige Svenja besuchte die zweite Klasse und vergaß regelmäßig, welche Hausaufgaben sie aufhatte. Erst behauptete sie, es wäre nichts auf, später fiel ihr plötzlich ein, dass sie noch Rechenaufgaben zu erledigen hatte, und da sie vergessen hatte welche denn genau, begab sie sich abends ans Telefon und fragte ihre Freundin danach. Wenn dann die Aufgaben noch am späten Abend oder morgens vor dem Frühstück gemacht werden mussten, war Svenjas Mutter gereizt, das Mädchen müde und alle am Rande ihrer Leistungsfähigkeit. Um dieses Problem besser zu lösen, durfte sich Svenja ein besonders schönes Heft aussuchen, das sie nun als Hausaufgabenheft in der Schule benutzte. Jeden Tag direkt nach der Schule schauten sich Svenja und ihre Mutter gemeinsam das Heft an und überlegten, wann sie die Aufgaben machen sollte. Als Anerkennung für die ordentliche und vollständige Heftführung erhielt Svenja am Wochenende manchmal ein kleines Geschenk.

Besonders bei der Durchführung von Ritualen für Schule und Lernen ist es wichtig, die ausgemachten Vereinbarungen auch möglichst konsequent einzuhalten. Dies ist nicht immer einfach, da es in einer Familie viele Personen, viele Termine und Verpflichtungen gibt, die einen festen Plan zunichte machen können. Stellt es sich heraus, dass ein Ritual immer wieder an den Umständen scheitert, sollte es unbedingt neu überdacht und gegebenenfalls verändert werden. Die Familie bestimmt das Ritual – und nicht andersherum.

Bei älteren Kindern ist es nicht mehr so, dass die Hausaufgaben immer für den nächsten Tag aufgegeben werden. Manchmal muss für Klassenarbeiten gelernt werden, die erst Tage später stattfinden oder ein langer Text soll in Etappen gelesen werden.

Hier kann es hilfreich sein, einen Plan zu erstellen, an dem alle Termine der Kinder eingetragen werden, ihre Hobbies und Verabredungen, um so zu ermitteln, an welchem Tag welche

Aufgaben erledigt werden können, ohne in Stress zu geraten. So ein Plan, der Übersicht auf das zu bewältigende Pensum verschafft, kann beispielsweise in der Küche oder im Flur hängen, wo die Kinder jeden Tag direkt nach der Schule eintragen, was und für wann sie Aufgaben zu erledigen haben. So werden die schulischen Anforderungen für die Kinder überschaubar.

Weitere Hilfen bei Problemen rund um die Schule finden Sie im Taschenbuch „Mama, die Schule nervt mich!" von Daniela Blickhan (s. Literatur).

„Mir tut mein Bein so weh!"
Bewegungsunlust und Hyperaktivität müssen nicht sein

Ein immer stärker ins Bewusstsein der Öffentlichkeit rückendes Problem sind Kinder, die im Kindergarten und besonders auch im Unterricht motorisch auffällig sind. Abweichend von so genanntem Normalverhalten gibt es Schüler und Schülerinnen, die während der Schulzeit (und auch sonst) immer wieder aus dem Fenster schauen und sich in ihren Tagträumen verlieren. Der Verlauf des Unterrichts fließt an ihnen vorbei, Lerninhalte werden nicht aufgenommen, ihr ständiges Nachfragen blockiert den Fortgang des Lernprozesses.

Im Gegenzug dazu ist auch extrem unruhiges Verhalten ein fast schon alltägliches Problem in Schulklassen. Kinder, die nicht an ihrem Platz sitzen bleiben, ständig Zwischenfragen stellen und für die Antworten nicht aufnahmefähig erscheinen.

Für die unterrichtenden Lehrer und Lehrerinnen ist es ein oft schwieriger Balanceakt, sowohl die motorisch unauffälligen, als auch die besonders stillen und ebenfalls die hyperaktiven Kinder gemeinsam zu unterrichten. Es wird von ihnen erwartet, die stillen Kinder zu motivieren, die lauten Kinder zu bremsen und die unauffälligen Kinder nicht zu unterfordern oder zu vernachlässigen. Rituale sind im Unterricht eine Möglichkeit, mittels eines festen Rahmens alle Schüler und Schülerinnen gemeinsam anzusprechen. Jedes Kind kann so seinen festen Platz in der Gruppe haben und trotzdem sein eigenes Verhalten und damit sich selbst als akzeptiert erleben.

Jens (7) steckt voller Energie und Bewegungsdrang. Am Esstisch kann er kaum stillsitzen, häufig zappelt er auf seinem Stuhl herum. Besonders wenn Sven aus der Schule kommt, ist er voller Unruhe. Das stundenlange Zuhören, Konzentrieren und Stillsitzen strengt ihn sehr an. Für die Hausaufgaben hat er absolut keine Geduld mehr. Um sich erst einmal auszutoben, strampelt Jens deshalb jeden Tag nach der Schule einige Kilometer auf Mutters Fitness-Rad. Seine überschüssige Energie lässt er dort ab, so dass er sich anschließend ruhiger dem Mittagessen widmen kann und auch für die Hausaufgaben wieder mehr Ruhe hat.

Natürlich gibt es unterschiedliche Arten von Unruhe unter den Kindern. Die einen sind lediglich sehr aktiv, voller Lebensenergie und -freude und haben ihre Schwierigkeiten damit, sich auf das stundenlange Sitzen im Unterricht und bei den anschließenden Hausaufgaben einzustellen. Lieber würden sie auf dem Schulhof herumrennen, auf dem Spielplatz klettern oder auf dem Sportplatz toben. Trotzdem sind sie in der Lage, sich zu beherrschen und ihren Bewegungsdrang für die Zeit des Lernens zurückzustellen.

Andere sind jedoch so unruhig, dass sie immer wieder aufstehen müssen, ihr Mäppchen vom Tisch fegen, ihre Bücher ständig umblättern und sich vor lauter Bewegungsdrang kaum konzentrieren können. Bei einigen Kindern geht diese Problematik so weit, dass sie als ADS-Kind (ADS = Aufmerksamkeitsdefizit-Syndrom) unter ärztlicher Betreuung stehen, verhaltenstherapeutisch betreut werden und eventuell sogar Medikamente nehmen müssen, um diese Unruhe zu unterdrücken.

Um auch den unruhigsten Kindern die Möglichkeit zu eröffnen, am Umweltgeschehen teilzunehmen, ist es wichtig, ihnen kurze und komprimierte Einheiten anzubieten. Die Aufmerksamkeitsspanne der Kinder wird dann nicht allzu lange angestrengt, und die Lerninhalte und Informationen können sozusagen häppchenweise ausgeteilt werden. Die Konzentrationsspannen können langsam gesteigert werden, indem immer wieder Übungen zur Entspannung angeboten werden.

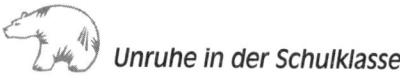 ### Unruhe in der Schulklasse

Einige der sechs- und siebenjährigen Kinder einer Schulklasse waren sehr unruhig und kaum in der Lage, einen Arbeitsauftrag auszuführen, ohne ihn häufig zu unterbrechen. Auf Initiative einer Mutter schaffte die Elternschaft auf eigene Kosten fünf Sitzbälle an, die der Lehrerin zur Verfügung gestellt wurden. Diese Bälle wurden in den Unterricht integriert, indem die Kinder beim Zeichnen immer abwechselnd nach einer bestimmten Reihenfolge auf den Bällen sitzen durften.

Das hatte verschiedene positive Effekte. Zum einen wurde die Klasse insgesamt etwas ruhiger, da sie sich jeden Tag sehr auf das Austeilen und Benutzen der Sitzbälle freute. Zum anderen waren die Kinder, die die Bälle benutzten, besser in der Lage ihre Bilder konzentriert zu malen, weil sie ihre angestaute Unruhe an die Bälle abgeben konnten. Die ständige leichte Bewegung auf den Bällen kanalisierte den Bewegungsdrang, so dass sie ihre Stifte nicht mehr so schnell zur Seite legten und länger konzentriert arbeiten konnten.

Es gibt in den Schulklassen viele Rituale, die die Konzentrationsfähigkeit steigern und die gesamte Klasse zur Ruhe bringen können.

Sehr verbreitet ist der Stuhlkreis (oder auch Stunde der Möglichkeiten, Sprechstunde, Erzählrunde), den viele Kinder schon aus dem Kindergarten kennen. Entweder jeden Morgen oder nur am Montag werden alle Stühle in der Klasse im Kreis aufgestellt. Die Kinder setzen sich auf ihre angestammten Plätze und halten einen Moment inne. Dann wird gefragt, ob eines der Kinder von seinem Wochenende oder von einem besonderen Erlebnis des vergangenen Tages berichten möchte. Nun können die Schüler und Schülerinnen eine gewisse Zeit erzählen, was ihnen wichtig erscheint. Damit werden die aufgestauten Emotionen des vergangenen Tages abgebaut und die Möglichkeit eröffnet, nun unbelastet und mit einem klaren Kopf in den Unterricht einzusteigen.

Ein schönes Geburtstagsritual wendet die Grundschulklasse des achtjährigen Otto an. Nach dem üblichen Singen eines Liedes darf das jeweilige Geburtstagskind seine Kerze ausblasen und sich dabei etwas wünschen, solange der Rauch der Kerze noch zu sehen ist. Sein Wunsch geht aber nur in Erfüllung, wenn die gesamte Klasse während dieser Minuten still ist und kein Laut zu hören ist. Da jedes Kind im Laufe eines Jahres seinen eigenen Wunsch erfüllt bekommen möchte, ist die Motivation sehr hoch, auch wirklich völlige Ruhe einzuhalten.

Ruhe und Konzentrationsfähigkeit in einer Klasse mit bis zu 30 Kindern herzustellen ist eine schwierige Aufgabe. Viele Lehrer und Lehrerinnen haben längst verstanden, dass das Geschrei und die lauten Unterhaltungen der Kinder nicht damit zu stoppen sind, dass sie selber auch noch dazwischenrufen. Deshalb sind in vielen Klassen bestimmte Zeichen zu finden, die den Kindern signalisieren, jetzt still zu sein. Das kann die erhobene Hand der Lehrerin/des Lehrers sein, die sich erst wieder senkt, wenn alle Kinder aufmerksam ihre eigene Hand erhoben haben und still sind. In manchen Klassen wird auch ein akustisches Signal verwendet, zum Beispiel ein Flötenton, ein Glöckchen oder eine Fahrradklingel, um die Aufmerksamkeit aller Kinder zu erlangen.

Eine dritte Klasse in Berlin reagierte erstaunlich schnell mit völliger Ruhe und Konzentration, wenn ihre Lehrerin einen bestimmten Dreiklang auf einem Glockenspiel anschlug. Da die Lehrerin den Eltern von ihrer Methode bei einem Elternabend erzählte, versuchten einige Mütter und Väter diese Methode auch zu Hause einzusetzen. Dort funktionierte es jedoch nicht, denn die Kinder hatten dieses Ritual eindeutig dem Schulalltag und nicht ihrem Zuhause zugeordnet.

Diese rituellen Gesten oder Töne üben eine erstaunliche Kraft aus, und es ist beeindruckend zu beobachten, wie eine große Gruppe quirliger Grundschulkinder innerhalb von wenigen Augenblicken mit erhobener Hand auf ihren Plätzen sitzt und ihre Aufmerksamkeit auf die Lehrerin richtet. Wie ein Echo pflanzt sich das Zeichen von einem Kind zum anderen fort und erreicht sein Ziel, ohne dass ein Wort gesprochen worden ist.

Diese Rituale, die im Unterricht eingebaut werden, können so oder in abgewandelter Form auch zu Hause funktionieren. Wichtig ist es, sehr unruhige Kinder mit ihrem Überschuss an Energie und Bewegungsdrang nicht sich selbst zu überlassen, in der Hoffnung, dass sich das schon auswachsen wird. Diese Kinder brauchen Hilfe und Unterstützung dabei, ihre Unruhe zu kanalisieren. Mit positiven Reaktionen ist häufig mehr zu erreichen als mit Strafe. Ein Belohnungssystem ist manchmal effektiv und baut das Selbstbewusstsein des Kindes auf, das in der Schule oft schon stark angegriffen wurde.

Hyperaktive Kinder sind anders und sie ecken mit ihrer Andersartigkeit auch oft an. Sie können eine Familie an den Rand ihrer Geduld bringen, wenn diese versucht, das bewegungsauffällige Kind in einen ruhigen Rahmen zu integrieren. Hat das Kind jedoch für seinen Bewegungsdrang einen Freiraum, in dem es sich austoben kann, wird es leichter sein, auch mal kurze Ruhephasen einzulegen.

Die allabendliche Essenssituation bedeutet für Patrick, 8 Jahre, eine große Anstrengung. Wenn die Familie am Tisch sitzt und den Tag beim Abendbrot ausklingen lässt, wird er schnell unruhig, möchte aufspringen und sich mit etwas Neuem beschäftigen. Dabei wirft er auch schon mal sein Milchglas um, zieht seinen Ärmel durch die Butter oder kippelt so lange mit dem Stuhl, bis dieser umfällt. Der Rest der Familie fühlt sich dadurch gestört, es gibt häufig Streit und an einen ruhigen Tagesausklang ist nicht zu denken. Für Patrick wurde das Abendessen inzwischen zeitlich aufgeteilt. Seine Eltern und Geschwister setzen sich bereits zehn Minuten eher zusammen, Patrick kommt erst dazu, wenn alle sich ihre Brote geschmiert haben und Ruhe am Tisch eingekehrt ist. Für die Zeit seines Essens gilt nun die Hauptaufmerksamkeit ihm, er kann von seinem Tag erzählen und alle hören ihm zu. Sobald Patrick beginnt unruhig zu werden, meist wenn er mit dem Essen fertig ist, kann er den Tisch verlassen und sich mit anderen Dingen in seinem Kinderzimmer beschäftigen. Die Familie unterhält sich in Ruhe zu Ende, ohne von Patrick gestört zu werden. So hat Patrick zwar eine Sonderstellung, er wird jedoch integriert und ernst genommen, ohne dass sich andere Familienmitglieder ausgegrenzt oder gestört fühlen, und ihm selbst geht es sehr gut mit diesem Privileg.

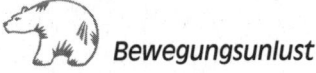 *Bewegungsunlust*

Doch nicht nur Hyperaktivität und Unruhe, sondern auch Bewegungsunlust ist ein Problem unter den Kindern. Mangelnde Aufmerksamkeit, Tagträume und Trägheit sind vielleicht Produkte von Fernsehen, Computern und Videospielen. Der Körper wird nicht mehr so sehr gefordert wie früher, in Städten gibt es weniger Möglichkeiten draußen zu spielen und das Autofahren ersetzt Spaziergänge. Bewegungsunlustige Kinder müssen ihren Körper oftmals wieder spüren lernen, ihre Energien aktivieren und Spaß an der Bewegung vermittelt bekommen. In der Psychomotorik gilt schon lange, dass Bewegung eng verknüpft ist mit geistiger Entfaltung. Der gesunde Wechsel zwischen Unruhe und Ruhe fördert die Entwicklung.

Um trägen Kindern Spaß an der Bewegung zu vermitteln, eignen sich gut einige Übungen aus der Kinesiologie, die regelmäßig eingesetzt zu einer Aktivierung des Körpers führen, schlechte Körperhaltungen verbessern und Energieblockaden auflösen. Nach einer Weile sind manche Kinder so begeistert von den zum Beispiel allabendlichen oder allmorgendlichen Übungen, dass sie diese vehement einfordern und schnell auswendig kennen.

Birgit (9) macht jeden Morgen mit ihrer Mutter zusammen die Gorillaübung. Dabei klopft sie sich abwechselnd auf die linke und die rechte Schulter und beginnt sich dann am linken Arm auf der Innenseite von der Schulter an abwärts bis hinunter zu den Fingerspitzen mit der flachen Hand abzuklopfen, dreht dann den Arm um und klopft an der Außenseite wieder hinauf bis zur Schulter. Dann schüttelt sie mit locker hängenden Armen die Schulter aus. Anschließend werden die Seiten gewechselt und nun wird der rechte Arm genauso behandelt. Sind beide Arme aktiviert, beginnt Birgit mit den Fingerkuppen links und rechts vom Mittelscheitel auf dem Haaransatz einige Male auf den Schädel zu klopfen, um anschließend mit den beiden Handflächen weiter über den Hinterkopf, den Hals und den Nacken entlang der Außenseite ihres Körpers, über das Gesäß und die Beine bis zu den Füßen zu streichen. Danach fühlen sich Mutter und Tochter entspannt und hellwach und können den Tag voller Energie beginnen.

Eine ähnliche Übung heißt „Raumanzug anziehen" und begeistert vielleicht eher Kinder, die sich für das Weltall interessieren. In der Verbindung der Körperübungen mit einer attraktiven Geschichte liegt für viele Kinder der Reiz der Bewegung. Sandras Vater hat die Übung „Raumanzug anziehen" in eine Geschichte verpackt, die Sandra nicht oft genug hören kann. Jedes Mal macht sie mit Begeisterung die Bewegungen mit.

In der Geschichte geht es um drei Geschwister, die abends in ihrem Zimmer sitzen und sich ein wenig langweilen. Plötzlich taucht ein Ufo auf und ein kleines, grünes Männchen spaziert durch die geschlossene Scheibe in ihr Zimmer. Als die Kinder sich entschließen, mit dem Fremdling auf seinen Planeten zu fliegen, packt dieser drei Anzüge aus und erklärt den Kindern, wie man sie anzieht.

Zuerst müssen sie beide Hände bis zu den Füßen strecken, um dann mit dem rechten Fuß in das imaginäre Hosenbein des Raumanzuges zu steigen und ihn bis zum Bauchnabel hochzuziehen. Dann machen sie dasselbe mit dem linken Bein. Nun kommen die Ärmel dran. Mit der rechten Hand streichen die Kinder an der Innenseite des linken Armes entlang bis zur linken Hand und an der Außenseite wieder zurück bis zur Schulter. Dasselbe machen sie mit dem anderen Arm. Dann halten sie ihre Hände dicht vor das Gesicht, streichen mit beiden Händen gleichzeitig bis hoch zur Stirn, weiter über den Hinterkopf und dann über die Schultern und den seitlichen Brustbereich, die Beckenknochen, die Außenseiten der Ober- und Unterschenkel bis hin zu den kleinen Zehen. Einen Moment verweilen sie so, dann wandern beide Hände auf der Vorderseite des Körpers nach oben bis zum Mund, als würden sie den Reißverschluss des Raumanzuges schließen. Abschließend streichen sie denselben Weg wieder bis zu ihren Füßen zurück, um den Sitz des Raumanzuges zu überprüfen.

Die Geschichte geht dann weiter, die Kinder erleben viele Abenteuer und müssen weitere Bewegungsübungen machen, um letztlich wieder heil auf der Erde zu landen.

„Ich trau' mich nicht!"
Rituale als Hilfe bei Ängsten

Leider gibt es viele Kinder, die unter Ängsten leiden und sich davon im Alltag sehr stark einschränken lassen. Schüchterne und ängstliche Kinder haben oft nur ein geringes Selbstvertrauen, wenig Mut sich auf Neues einzulassen und sind leicht zu verunsichern. Sie sind häufig dankbare Nutzer von Ritualen, die ihnen eine Sicherheit und Stärke vermitteln, die sie anders nicht so einfach erlangen können. Natürlich gibt es Formen von Angst, die gehören in die Hände eines erfahrenen Kinder- und Jugendpsychotherapeuten. Die hier vorgestellten Rituale sind für den Alltag gedacht und ersetzen nicht die Behandlung durch einen Arzt bei Angstzuständen und Depressionen von Kindern.

 Angst vor Schwäche

Sven (6) fühlte sich anderen Kindern oft unterlegen. Er war klein, schmächtig und schüchtern, so dass er sich nie richtig traute, seine Wünsche und Interessen durchzusetzen. Gemeinsam mit seinem Vater überlegte er, wie er seine Position stärken könnte. Er bewunderte seinen Vater und dessen Stärke sehr und wollte genauso wie er werden. Um dies zu erreichen, aß Sven jeden Morgen das gleiche Müsli wie sein Vater, um damit an seiner Stärke teilzuhaben und später genauso kräftig und tapfer werden zu können. Von diesem Tag an fühlte Sven sich viel besser, und er hielt dieses Ritual einige Monate lang durch, bis sein Selbstbewusstsein stark genug war, sich gegenüber anderen Kindern besser durchzusetzen.

Kinder sind natürlich schwächer als Erwachsene, sie haben weniger Kraft und weniger Lebenserfahrung. Trotzdem müssen sie sich ebenso wie die Großen täglich Situationen aussetzen, die ihre Stärke und Durchsetzungskraft erfordern. Während ihrer Entwicklung werden sie ständig mit neuen Dingen konfrontiert, die es zu bewältigen gilt. Sei es die neue Schule, bestimmte Einkaufssituationen, wachsende Anforderungen der Eltern, Alleinsein, das Auseinandersetzen mit sich selbst, der Verlust eines geliebten Menschen oder die Konflikte unter Freunden.

Um Kraft für die Anforderung zu schöpfen, entwickeln Kinder häufig selbst Rituale. So kann es zum Beispiel sein, dass Kinder, die abends alleine zu Hause im Bett liegen, sich bestimmte Atemtechniken ausdenken, die sicherstellen, dass ihre Eltern bald heimkommen. „Wenn ich eine Minute die Luft anhalten kann, dann geht es meinen Eltern gut und sie kommen bald heim." „Wenn ich den Text eines bestimmten Liedes auswendig aufsagen kann, dann sind meine Eltern in Sicherheit." Oder sie „arbeiten" mit den Lichtern der vorbeifahrenden Autos an der Zimmerdecke. „Wenn jetzt eine Minute kein Auto vorbeikommt, dann schreibe ich morgen eine gute Note in der Klassenarbeit."

Diese Beschwörungsrituale helfen den Kindern, sich mit der jeweiligen Situation auseinander zu setzen und sie subjektiv betrachtet zu kontrollieren. Wenn die Eltern gemeinsam mit dem Kind ein Ritual entwickeln, dann hilft die Frage, was das Kind seiner Freundin oder seinem Freund empfehlen würde, oft weiter. Die Ideen der Kinder werden dann für sie selber umgesetzt.

Oder das Beispiel der neunjährigen Carla, der das Autofahren nicht so ganz geheuer war. Sie war der festen Überzeugung, wenn sie beim Fahren daran denken würde, dass es auch Unfälle gäbe, dann würde ihnen nichts passieren. Falls sie aber nicht an die Möglichkeit eines Unfalls denken würde, dann könnte dieser geschehen. Der Unfall könnte sie dann überlisten. Er wäre nur zu kontrollieren, wenn sie bei jeder Autofahrt daran denkt. Ein sehr geschicktes Ritual, denn wenn Carla einmal vergaß an einen Unfall zu denken, dann merkte sie dies natürlich nicht. Und wenn es ihr wieder einfiel, war die gefährliche Fahrt ja bereits vorbei und die Gefahr nicht mehr existent.

Susanne (9) hatte häufig eine unbegründete Angst, dass etwas passieren könnte. Seit dem plötzlichen Unfalltod einer Klassenkameradin war das sonst so überschaubare und kalkulierbare Kinderleben von einer dunklen Wolke überschattet. Um diesen Ängsten einen Platz zu geben und sie ernst zu nehmen, schrieb Susanne jeden Abend ganz konkret in ihrem Sorgenbuch auf, wovor sie Angst hatte und was passieren könnte. Darüber sprach sie dann alle paar Tage mit ihrer Mutter. Gemeinsam überprüften sie, ob etwas von den Befürchtungen eingetreten war. Susanne fühlte sich verstanden und bewältigte ihre Ängste von Tag zu Tag besser, bis sie das „Sorgenbuch" getrost ganz hinten im Regal liegen lassen konnte.

Eine andere Möglichkeit ist, die Sorgen auf eine Kassette zu sprechen, auf eine bestimmte „Sorgenkassette", die nur dafür benutzt wird und wo die Sorgen sicher verwahrt sind. Dazu kann es auch Lösungen oder Hilfen für seine Probleme aufsprechen.

Auch hier können Ritualgegenstände helfen, sie sollten jedoch so ausgewählt sein, dass sie dem Kind jederzeit zur Verfügung stehen. So kann das kleine Sorgenbuch einen so großen Stellenwert für das Kind bekommen, dass alleine seine Anwesenheit, in der Schultasche oder im Rucksack, die Ängste mildert. Oder ein Kind wählt sich einen Stern am Himmel aus, der es beschützt. Diesen Stern stellt es sich bei Sorgen in seiner Hand vor, und drückt diese fest zusammen, um die Spannung und auch die Entspannung zu spüren, die das Nachlassen der Angst symbolisiert.

Philipp (7) weinte viel und machte sich Sorgen wegen allen möglichen Dingen. Seine Eltern fühlten sich dadurch nach einiger Zeit gereizt und konnten nur noch wenig Verständnis für den Jungen aufbringen. Ein Therapeut schlug ihnen vor, dass Philipp jeden Abend mit seinem Vater eine halbe Stunde über seine Sorgen sprechen sollte. Danach wäre dann noch Zeit für ein kleines gemeinsames Spiel. Er erreichte damit, dass Philipp morgens unbelastet in die Schule gehen konnte, weil er ja nun abends einen Platz für seine Sorgen hatte. Weiterhin fühlte sich das Kind ernst genommen und besonders vom Vater akzeptiert, weil dieser sich nun Zeit für ihn nahm. Schon nach kurzer Zeit nutzte Philipp diese gemeinsame Zeit mit seinem Vater viel lieber zum spielen, als über seine Sorgen zu reden, die deutlich geringer wurden. Philipp brauchte diese Sorgensitzungen schon bald überhaupt nicht mehr, stattdessen trug er eine Münze seines Vaters ständig in der Hosentasche, die ihn an der Stärke des erwachsenen Vaters teilhaben ließ. Durch diese Vereinbarung wurde erreicht, dass sich die Beziehung zwischen Vater und Sohn verbesserte und intensivierte. Die Tränen und Sorgen verschwanden.

Natürlich ist es sehr wichtig, wie Eltern, Lehrer, Lehrerinnen und Mitschüler auf ängstliche Kinder reagieren. Ein positive Grundeinstellung allen Mitschülern gegenüber ist notwendig, um Ausgrenzungen und Gespött zu verhindern. Viele Klassen einigen sich sehr früh auf bestimmte Regeln, die für alle gelten und konsequent eingeübt werden. Dazu gehört es, bei Meldungen oder Beiträgen einzelner, auch wenn sie fehlerhaft sind, nicht zu lachen, sondern auf jeden Fall die aktive Mitarbeit zu loben. Positive Rückmeldungen motivieren jeden Schüler, so dass er sich auch weiterhin am Unterricht beteiligen wird, weil er keine negativen Reaktionen befürchten muss.

Bei er Einschulung in die Grundschule oder bei der Versetzung in die weiterführenden Schulen bereiten in vielen Schulen die Neulinge des vergangenen Jahres eine kleine Einführung vor. Dies zeigt den unsicheren und ängstlichen Kindern, dass es auch andere geschafft haben, das erste Jahr zu überstehen. Eine schöne Idee sind auch Patenschaften, bei denen die Schüler der nächst höheren Klasse sich jeweils für einen neuen Schüler verantwortlich zeigen. Sie stehen für alle Fragen zur Verfügung weisen die Neulinge in den Schulalltag und die kleinen und großen Geheimnisse der Schule ein. So fühlen sich die Kinder gut aufgehoben und in ihrem Status als Anfänger akzeptiert.

In vielen weiterführenden Schulen ist es üblich, dass die Fünftklässler gegen Ende ihres ersten Schuljahres eine Zeitung für die nächsten Schulneulinge erstellen. Sie berichten darin von ihren Erfahrungen im ersten Jahr an der neuen Schule, von ihren Ängsten und Unsicherheiten und wie sie sie im Laufe des Jahres überwunden haben. Weiterhin werden meistens einzelne Lehrer und Lehrerinnen skizziert, ein Interview des Schulleiters abgedruckt und interne Schulwitze aufgeführt. Manche Besonderheiten werden erklärt, ein Plan der Schulgebäude ist aufgezeichnet und es gibt Ratschläge zur Essenswahl in der schulinternen Mensa. Die Verteilung der Zeitung ist eingebettet in eine Begrüßungsfeier, zu der ebenfalls die ehemaligen Fünftklässler Gedichte vortragen, ein kleines Tanzstück aufführen oder Witze erzählen. Die neuen Mitschüler und -schülerinnen bekommen durch dieses Ritual schnell das Gefühl, ein wichtiger und zentraler Bestandteil der Schule zu sein, sie fühlen sich angenommen und akzeptiert und haben weniger Probleme, sich in das bestehende Gefüge zu integrieren.

 ### *Angst vor freiem Sprechen*

Manche Kinder trauen sich nicht vor der Klasse frei zu sprechen oder etwas vorzutragen. Sie befürchten ausgelacht zu werden oder den Anforderungen der Lehrer und Lehrerinnen nicht gerecht zu werden. Besonders schlimm ist es für einige, nicht nur an ihrem Platz sitzend etwas mitzuteilen, sondern es vor der Klasse stehend tun zu müssen. Nicht alle Kinder verfügen über ein so starkes Selbstbewusstsein, dass sie diesen Anforderungen ohne Angst gerecht werden können. Hier ist es wichtig, dass das freie Sprechen vor der Klasse schon sehr früh eingeübt wird.

In Lisas (8) Schulklasse war es üblich, dass jedes Kind im Laufe eines Quartals, also viermal im Schuljahr, eine Geschichte oder ein Erlebnis vor der Klasse erzählte. Zuerst übten die Kinder dieses Vortragen regelmäßig im Stuhlkreis, später stellten sie sich vor die Klasse und trugen ihre Aufgabe im Stehen vor. Lisa fiel diese Anforderung nicht leicht, und so trug sie immer einen kleinen Glücksbringer ihrer Oma in der Hosentasche, den sie fest umklammerte, wenn sie ihre Geschichte erzählte.

Das regelmäßige freie Sprechen vor der Klasse wurde zu einem festen Ritual, jedes Kind nahm daran teil und niemals wurde ein Kind deswegen ausgelacht oder verspottet. Im Gegenteil führte die Lehrerin von Anfang an ein positives Feedback ein. Die Schüler und Schülerinnen wurden aufgefordert alles mitzuteilen, was das vortragende Kind gut und richtig gemacht hatte, was den anderen gefallen hatte. Negative Äußerungen wurden nicht gemacht, und trotzdem entwickelten die Kinder ein Gespür dafür, was sie noch verbessern konnten. Die Kinder dieser Klasse hatten gegen Ende ihrer Grundschulzeit ein sehr starkes Selbstvertrauen entwickelt und keinerlei Probleme mehr, vor einer Gruppe etwas vorzutragen. Diese Erfahrungen waren ihnen in den weiterführenden Schulen sehr hilfreich.

Einige Kinder tragen in ihren Rock- oder Hosentaschen Münzen, kleine Ketten oder einen Stein, der ihnen Kraft gibt, wenn sie ihn fest drücken. Vielleicht ist es eine alte Münze vom Großvater, der etwas besonders Tolles im Leben vollbracht hat, oder ein Stein, der an einem schönen Tag im Wald gefunden wurde. Die Kette könnte von einer lieben Tante kommen. Deswegen spendet sie in schwierigen Situationen Kraft, und die Kinder schöpfen aus diesen Gegenständen, die sie unsichtbar bei sich tragen, viel Mut und Sicherheit.

„Ist Opa schon im Himmel?"
Abschiedsschmerz lindern und Trauer zulassen

Abschied ist ein normaler Teil unseres Lebens. Er kann traurig sein, weil etwas zu Ende geht, etwas aufhört oder aufgegeben werden muss, was man lieb gewonnen hat, er kann aber auch erleichternd sein. Abschied beinhaltet immer auch den Neuanfang, die Eröffnung zahlreicher ungeahnter Möglichkeiten. Unser gesamtes Leben besteht aus Etappen oder Abschnitten, aus ständigen Neuanfängen und aus Abschieden von Liebgewonnenem, und es ist für Kinder und für Erwachsene wichtig, Abschiede bewusst zu erleben.

Als Miriams (8) Eltern sich trennten und ihr Vater aus ihrer Heimatstadt weg zog, vermisste das Mädchen ihn sehr. Die Entfernung zwischen Vater und Tochter war so groß, dass sie sich nur einige wenige Male im Jahr sehen konnten. Als die Familie noch zusammenwohnte, war Miriam jeden Sonntag mit ihrem Vater in einen Streichelzoo gegangen, hatte sich dort über die Tiere gefreut und anschließend Pommes Frites gegessen. Nun waren ihre Sonntage traurig, und sie sehnte sich nach der vertrauten Zweisamkeit dieser Wochenenden zurück. Um diese Lücke in ihrem Leben zu füllen, bekam Miriam von ihrer Mutter einen kleinen Hund geschenkt, mit dem sie jeden Sonntag spazieren gehen konnte. Dies tat Miriam auch ganz verantwortungsbewusst und regelmäßig. Auf ihren Spaziergängen erzählte sie dem neuen Haustier von der vergangenen Zeit, und nach und nach füllte dieser rituelle Sonntagsspaziergang mit ihrem neuen Hund die Leere dieses Tages aus.

Kleine Abschiede geschehen jeden Tag. So geht es um das Abschiednehmen, wenn beispielsweise der Vater morgens zur Arbeit fährt oder das Kind vom Kindergarten abgeholt wird und sich bis zum nächsten Morgen von der Gruppe und seiner Erzieherin verabschiedet.

Große Abschiede, zum Beispiel der Umzug eines Freundes, die Trennung der Eltern oder der Tod der Großeltern sind einschneidende Abschnitte im Leben eines Kindes. Mit Ritualen können Abschiede erleichtert werden, Ritualgegenstände machen Verluste etwas leichter und es wird einfacher, sich wieder der Zukunft und dem Neuen zuzuwenden.

Alle Kindergartenkinder erleben die Situation, sich nach einigen Jahren von ihren Erzieherinnen und den anderen Kindern verabschieden zu müssen, weil die Schulzeit beginnt. Eine wichtige und lange Lebensetappe der Kinder geht zu Ende. Sie wissen nicht genau, was sie erwartet, sie werden einige ihrer Freunde und Freundinnen vielleicht niemals wiedersehen, und ihr Alltag wird sich verändern. Der Abschied vom Kindergarten ist ein einschneidendes Ereignis für die Kinder, deshalb ist es wichtig, diesen Abschied fröhlich aber bewusst zu gestalten und zu erleben. Den Kindern wird damit vermittelt, dass eine neue Zeit beginnt, und dass sich ihr Leben verändern wird. Sie können so ihre Kindergartenzeit bewusst beenden und sich nun voll auf den nächsten Lebensabschnitt konzentrieren.

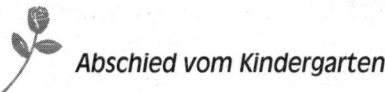

Abschied vom Kindergarten

Simon feierte mit neun Jahren seinen Abschied vom Hort, der auch viele Jahre lang sein Kindergarten gewesen war. Als nunmehr ältestes Kind in der Gruppe hatte er beschlossen, nach der Schule lieber zu Hause etwas alleine zu sein, als jeden Tag nach der Schule in die Hortgruppe zu gehen. Mit Spannung erwartete er sein Abschiedsritual, das er von anderen Kindern bereits kannte. Verließ ein Kind den Hort, wurde ein großes Fest ausgerichtet, bei dem der Junge oder das Mädchen als Höhepunkt eine bunt bemalte Schachtel oder einen Schuhkarton bekam.

Auch Simon erhielt eine solche Schachtel, und es stand in schrägen, großen Buchstaben sein Name darauf. Mit glänzenden Augen öffnete er die Kiste, in der viele kleine verpackte Geschenke lagen. Jedes Kind und jede Erzieherin hatte für Simon ein kleines Abschiedsgeschenk ausgesucht. Das musste nichts Teures sein, ein Gegenstand aus dem eigenen Haushalt oder etwas selbst Gebasteltes war völlig in Ordnung. Während Simon nun strahlend ein Päckchen nach dem anderen öffnete und sich bei jedem Geschenk sehr freute, standen alle Kinder und Erwachsenen um ihn herum und hatten ebenfalls großen Spaß. Am Ende seiner Feier nahm Simon sehr stolz seine Schachtel mit den vielen kleinen Geschenken mit nach Hause. Immer wenn ihn die Sehnsucht nach seinen Freunden und nach seinem Kindergarten packt, öffnet er seine bunte Schachtel und freut sich an den Erinnerungen.

Mit sechs Jahren werden die meisten Kinder eingeschult. Viele freuen sich auf den neuen Lebensabschnitt, sind neugierig und möchten Lesen und Schreiben lernen. Sie haben schon ihren Ranzen geschenkt bekommen und sind erwartungsvoll und wissbegierig. Vor der Einschulung steht jedoch noch der Abschied vom Kindergarten und damit der Abschied von einigen lieb gewordenen kleinen und großen Freunden.

Dieser Abschied sollte dem Kind deutlich machen, dass ein Lebensabschnitt zu Ende geht, und dass sich das Kind in den vergangenen Jahren so weit entwickelt hat, dass es nun zu einem neuen Lebensabschnitt überwechseln kann. Es ist schön, wenn alle dem Kind vertrauten Personen an dem Abschied teilnehmen und etwas dazu beitragen. Vielleicht ein kleines Theaterstück, ein gemeinsam gesungenes Lied, eine Collage oder vorgetragene Geschichten über die vergangene Zeit, die einen Rückblick ermöglichen. Kleine Erinnerungsstücke für jedes Kind werden es noch lange an die Zeit im Kindergarten denken lassen, eventuell ein Gruppenfoto, bemalte T-Shirts oder Bilder.

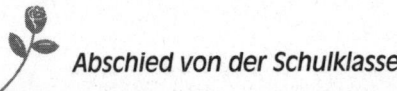

Abschied von der Schulklasse

Die erfahrene Grundschullehrerin einer kleinen Schule gestaltet die Abschiedsfeste zum Ende der 4. Klasse nicht nur gemeinsam mit den Kindern, sondern sie bezieht jedes Mal die Eltern der Grundschulkinder mit ein. Als besondere Überraschung studieren einige Eltern der Kinder ein Theaterstück ein und drehen so den normalen Ablauf solch einer Feier einfach um. Die Schüler und Schülerinnen sind begeistert, ihre Eltern einmal auf der Bühne zu sehen.

Von ihrer Lehrerin erhalten alle Kinder weiterhin eine sorgfältig zusammengestellte Mappe, in der Bilder, Fotos und Geschichten von der ersten bis zur vierten Klasse gesammelt sind. Dieses Andenken werden sie noch lange aufbewahren, denn es dokumentiert eindrucksvoll die vierjährige Entwicklung der Kinder. Auch die Lehrerin erhält natürlich ein Dankeschön von ihrer Klasse.

Genauso wie im Kindergarten ist auch der Abschied von der Schulklasse ein großer Schritt im Leben eines Kindes. Vielleicht muss das Schulkind wegen eines Umzugs seiner Eltern die alte Klasse verlassen oder es muss ein Jahr wiederholen. Auch nach dem Ende der vierten Klasse mit dem Schulwechsel auf eine weiterführende Schule ist ein Abschied verbunden.

In der Grundschule sind die Kinder in ihrer Entwicklung schon einen ganzen Schritt weiter als im Kindergarten. Sie haben sich noch bewusster für bestimmte Freundschaften entschieden, ihren eigenen Charakter weiter ausgeprägt und sind richtige Persönlichkeiten geworden.

Zum Ende der vierten Grundschulklasse machen sich viele Lehrer und Lehrerinnen Gedanken darüber, wie der Abschied für ihre Klasse am schönsten zu gestalten ist. Vier entscheidende Jahre wurden miteinander verbracht, Jahre, in denen viele schüchterne Erstklässler zu kecken Teenagern geworden sind.

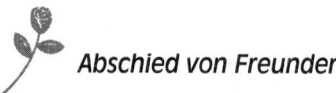 ## Abschied von Freunden

Je jünger Kinder sind, desto schwerer fällt es ihnen oft, von ihren Freunden Abschied zu nehmen. Sie können und wollen sich nach einem lustigen Spielnachmittag einfach nicht lösen, reagieren trotzig und weigern sich, ihre Sachen zusammenzupacken, um zu gehen. Zahlreiche Rituale werden von den Kindern selber erfunden, um diese Zeit des Abschieds noch hinauszuzögern.

Kaum ist der Zeitpunkt der Verabschiedung gekommen, beginnen viele Kinder damit sich Dinge auszuleihen. Sie brechen langwierige Diskussionen vom Zaun, ob dieses Computerspiel, jenes Buch oder diese Barbiepuppe wirklich ausgeliehen werden kann und wann man sich denn wiedersieht um es zurückzugeben.

Wenn diese Tausch- oder Ausleihgeschäfte erfolgreich abgeschlossen sind, dann bekommt plötzlich ein Kind Hunger oder Durst, und ohne eine kleine Mahlzeit scheint es unmöglich zu sein, den Nachmittag zu beenden. Hier ist es sinnvoll, noch am selben Tag einen Termin auszumachen, wann sich die beiden Kinder wieder treffen können. Mit dieser Sicherheit, dass es ein Wiedersehen geben wird, lässt sich der Abschied verkraften.

Problematischer ist es, wenn ein guter Freund oder eine Freundin in eine andere Stadt zieht.

Sandra (7) war sehr traurig, weil ihre beste Freundin weit weggezogen war in ein anderes Land. Sie saß nun in der Schule nicht mehr neben ihr und nachmittags konnten sie sich nicht wie bisher treffen. Die beiden Mädchen hatten viele Jahre miteinander verbracht, fast ihr gesamtes Leben, und nun war die Verbindung fast völlig abgebrochen. Sandra saß oft alleine in ihrem Zimmer und spielte traurig mit ihren Puppen, denen sie erzählte, was sie bewegte. Da schlug Sandras Mutter vor, alle Neuigkeiten für Sandras Freundin und Sandras Wünsche für sie auf kleine Zettel zu schreiben. Diese banden sie dann an bunte Gasballons, die sie an einem schönen Sommertag in den Himmel steigen ließen. Sandra hatte so das Gefühl, mit ihrer Freundin weiterhin verbunden zu sein und war nicht mehr ganz so traurig.

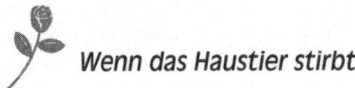

Wenn das Haustier stirbt

Kinder entwickeln oft eine tiefe Zuneigung zu ihrem Hamster, dem Hund oder der Katze. Wenn diese Tiere dann sterben, da sie entweder krank oder schon entsprechend alt geworden sind, müssen Kinder sich mit dem Verlust beschäftigen, um ihre Bindung zu dem Tier lösen zu können.

Als Felix' (6) Hamster starb, war der kleine Junge sehr traurig. Er wollte, dass sein liebes Haustier eine richtige Beerdigung bekommt, genauso wie seine Oma ein Jahr vorher. Er bastelte ein kleines Holzkreuz und grub im Garten ein Loch. Dann mussten seine Eltern und seine Schwester an einem Sonntag in den Garten kommen und zusehen, wie er die kleine Kiste mit dem Hamster in das Loch legte und ein Foto des Nagers dazu gab. Er schaufelte Erde auf das Hamstergrab und steckte das Holzkreuz oben darauf. Nun hatte er das Gefühl, der Hamster sei ordentlich beerdigt worden. Dieses Trauerritual bedeutete für Felix den logischen Abschluss des Hamsterlebens, wie er das bei der Beerdigung seiner Großmutter erfahren hatte. Nun konnte er wieder glücklich sein.

Trauerrituale sind für Kinder sehr wichtig, um den Verlust eines Tieres oder auch eines Menschen verarbeiten zu können. Die Auseinandersetzung mit einer unveränderlichen Tatsache hilft ihnen mehr und mehr, diese zu akzeptieren. Das Grab im Garten gibt Felix weiterhin die Möglichkeit, einen Ort für seine Traurigkeit zu bestimmen. Denkt er an seinen Hamster, dann kann er zu dessen Grab gehen und kurz zu ihm sprechen oder ihm etwas vorsingen. Er kann seine Traurigkeit aber auch an diesem Ort zurücklassen und wieder an schönere Dinge denken.

Der Tod eines Haustieres ist eine gute Gelegenheit mit Kindern über den Tod zu sprechen. In diesem Zusammenhang stellen sich Kinder viele Fragen, die ehrlich beantwortet werden sollten. So können sie später, wenn ein Mensch stirbt, selbstverständlicher mit dem Thema umgehen.

 ### Abschiednehmen von Verstorbenen

Ein sehr trauriger und oft unfreiwilliger Abschied ist es immer, wenn jemand stirbt. Der Tod trifft viele Menschen unvorbereitet, auch Kinder sehen sich plötzlich mit einem Ereignis konfrontiert, das sie nicht erwartet haben. Neben ihrer eigenen Trauer über den Verlust, beispielsweise des Großvaters, erleben Kinder auch, dass sich ihre Eltern verändern. Deren Trauer, ihre verweinten Augen und die seltsame Stimmung zu Hause verunsichern sie. Ein Ritual kann hier verdeutlichen, was passiert ist und hilft dabei, mit dem Ereignis umzugehen.

So ist die Beerdigung des Verstorbenen ein deutliches und unmissverständliches Zeichen dafür, dass jemand wirklich nicht mehr da ist. Der Trauergottesdienst in der Kirche, das Herablassen des Sarges, die Beileidsbekundungen und der abschließende „Totenschmaus" sind uralte Rituale, die Sicherheit und Halt geben in einer verunsichernden und beängstigenden Umbruchsituation.

Auch für Kinder gibt es bewegende Rituale, die ihnen beim Abschied von einem Toten helfen.

Brian war fünf Jahre alt, als sein Vater bei einem Autounfall ums Leben kam. Es gab eine überwältigend große Trauerfeier mit hunderten von Freunden und Bekannten, die dem Toten die letzte Ehre und seiner Familie ihr Beileid erwiesen. Auch Brian nahm tapfer an der Trauerfeier für seinen Vater teil. Als der Sarg ins Grab gelassen wurde, warf er statt Erde oder Blumen ein selbstgemaltes Bild hinunter, das seine Gefühle und seine Trauer ausdrückte. Da er noch nicht schreiben konnten, hatte Brian seinem Vater Bilder gemalt, die ihm seine Liebe und seinen Schmerz zeigen sollten. Es war ein bewegendes Ritual, ein ergreifender Abschied, und es hilft Brian noch heute am Grab seines Vaters selbstgemalte Bilder oder kleine Geschichten zu hinterlassen, wenn er mal wieder besonders traurig über den Verlust ist.

Manche Eltern und Geschwister müssen erleben, dass ein Kind stirbt. Rituale können dazu beitragen, diesen Verlust ein wenig erträglicher zu machen, dem verlorenen Familienmitglied einen Platz zuzuweisen. Die Vorstellung, dieses Geschwisterkind sei nun ein Stern am Himmel und könne von oben genau das Leben seiner Familie begleiten, gibt manchen Kindern Sicherheit. Immer wenn sie den Verlust besonders stark spüren, dann denken sie an den Stern am Himmel und stellen sich vor, dass ihr Bruder oder ihre Schwester sie sieht.

Auch der Verlust von Großeltern, den fast alle Kinder irgendwann erleben, ist schwierig. Die Oma oder der Opa haben häufig einen festen Platz in der Familie innegehabt, sich vielleicht
häufig um die Kinder gekümmert, so dass eine besonders enge
Beziehung entstanden ist. Mit ihrem Tod verlieren die Kinder
ein Stück Sicherheit, es wird ihnen häufig zum ersten Mal bewusst, dass alle Menschen sterben können. Dieses Wissen ist
beängstigend und die Frage taucht auf, wo der Opa oder die
Oma denn nun eigentlich sind. Sicherlich antworten Eltern unterschiedlich auf diese Frage. Das hängt von ihrer Sicht der
Welt ab, von ihrem Glauben und ihren Erfahrungen. Es gibt
aber ein sehr schönes Ritual, dass die Erinnerung an den Toten
aufrechterhält und ihm einen Ort zuweist, von wo er auf die
Menschen schaut.

Markus' (5) Großmutter war gestorben, an der er sehr hing.
Da seine Eltern beide arbeiteten, hatte Markus viel Zeit bei
seiner Oma verbracht, als sie noch lebte. Er vermisste ihre
Gemütlichkeit, ihre Ruhe und ihre bedingungslose Zuneigung zu ihrem Enkel. Immer wieder fragte er seine Eltern,
wo die Oma sei, ob sie in dem Erdloch auf dem Friedhof liegen würde oder vielleicht mit dem Opa im Himmel lebte.
Seine Eltern nahmen Markus' Fragen ernst und erklärten
ihm, dass sie es auch nicht genau wüssten. Sie sagten dem
Kind aber auch, dass sie ganz sicher wären, dass die Oma ab
und zu nach Markus gucke, egal wo sie sei. Markus machte
sich Sorgen, ob die Oma, die nicht mehr so gut hören und
sehen konnte bevor sie starb, ihn auch wirklich unter den
zahlreichen anderen Kindern auf der Erde erkennen würde.
Da hatte er die Idee, jedes Jahr an Sylvester für seine Großmutter ganz helle und laute Raketen in den Himmel zu
schießen, die sie bestimmt sehen und hören würde. Die
Eltern fanden diese Idee ganz prima, so dass sie den Vorschlag
ihres Sohnes aufgriffen und von nun an regelmäßig an Sylvester für Oma einige Raketen in den Himmel schickten.

„Igitt, schon wieder Rosenkohl!" Essensrituale für den „Vielfraß und das Mäuschen"

Essen ist ein Stück Alltag, der nur allzu leicht in den Anforderungen des Tages untergeht. Gerade in Familien, in denen beide Eltern berufstätig sind, oder bei alleinerziehenden Elternteilen gibt es immer weniger Zeit, das gemeinsame Essen zu kultivieren. Der liebevoll dekorierte Mittagstisch wird einer schnell in der Mikrowelle gewärmten Mahlzeit geopfert, Fastfood hat die Küchen und Wohnzimmer erobert. Kein Wunder, denn woher soll man zwischen Beruf, den Anforderungen der Schule, dem Haushalt und den Nachmittagsterminen noch die Zeit nehmen, sich ein liebevolles und gesundes Mittagsmenü auszudenken und dieses in Ruhe zuzubereiten. Oft wird das inzwischen auf das Wochenende verschoben.

Die Entwicklung ist inzwischen für viele Familien normal, doch sind ihre Auswirkungen für Erwachsene und Kinder nicht gesund und manchmal deutlich zu sehen.

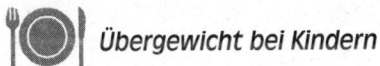 *Übergewicht bei Kindern*

Florian (10) hatte es sich angewöhnt, bevor er den Fernseher anschaltete zuerst an den Küchenschrank zu gehen, um sich etwas zu Knabbern bereitzustellen. Chips, Schokolade, ein Stück Wurst oder eine Tüte Gummibärchen gehörten für ihn zu seiner Lieblingssendung einfach dazu. In der Schule wurde er wegen seines Übergewichts ausgelacht, aber das stand für ihn in keinem Zusammenhang mit seiner Fernsehknabberei. Dieses Ritual hatte er sich im Laufe von langweiligen Weihnachtsferien angewöhnt, und nun fiel es ihm schwer, sich von den gewohnten Knabbereien beim Fernsehen zu verabschieden.

Für übergewichtige Kinder ist es wichtig, dass Essen grundsätzlich nur am Tisch zu sich genommen wird, egal zu welcher Mahlzeit. Vor dem Fernseher hat weder der Teller mit Broten noch die Chips- oder Weingummitüte etwas zu suchen, denn bekannterweise machen die Knabbermenüs vor dem Fernseher besonders dick. Hier sind auch die Erwachsenen und Geschwister gefordert, mit gutem Beispiel voranzugehen. Das natürliche Sättigungs- und Hungerempfinden soll geschult werden, regelmäßige Gespräche zum Befinden sind dabei sehr hilfreich und unterstützen den bewussten Umgang mit Nahrungsmitteln.

Sollte es doch einmal eine Ausnahme geben, so kann eine kleine Menge Chips sorgfältig auf einem Teller angeordnet werden und diese bewusst, und nicht nebenbei, mit dem Kind gemeinsam gegessen werden. Eine feste Uhrzeit, ein gemütlicher Esstisch mit möglichst kleinen Tellern und die Anwesenheit der anderen Familienmitglieder beim Essen geben große Unterstützung.

Wichtig ist natürlich auch die Auswahl der Lebensmittel. Es macht einen großen Unterschied, ob man ein Glas Cola oder ein Glas Apfelsaft trinkt. Süße oder fettige Lebensmittel sollten nicht offen herumstehen, eine Schale mit Nüsschen gehört nicht auf den Wohnzimmertisch, statt dessen kann dort ein Korb mit Äpfeln oder Mandarinen stehen. Als Zwischenmahlzeit können den Kindern geschälte Karotten oder Paprikastückchen angeboten werden, auch getrocknetes Obst ist gesund und vertreibt den kleinen Hunger. Ein grundsätzliches Essverbot zwischen den Mahlzeiten ist nicht sinnvoll, da es nur den Heißhunger fördert.

Auch Martina (8) liebt es beim Fernsehen etwas zu essen. Sie macht es sich jeden Tag nach der Schule erst mal auf dem Sofa bequem und schaltet ihre Lieblingssendung ein. Zur Entspannung knabbert sie dabei Salzstangen und trinkt Sprudelwasser oder Tee. Ihr Verlangen nach Essen wird dabei gestillt, ohne dass sie sich mit ungesunden und dick machenden Nahrungsmitteln belastet.

Die Unterstützung der Eltern ist für übergewichtige Kinder von sehr großer Bedeutung. Sie sollten mit ihrem Essverhalten ein gutes Vorbild sein, gesunde Nahrungsmittel bevorzugen und das Kind für die Einhaltung der Essregeln öfter einmal loben. Essen sollte immer in kleinen Portionen serviert werden, denn ein leergegessener Teller vermittelt auch ein Sättigungsgefühl. Außerdem ist es gut, schon vor der Mahlzeit ausreichend zu trinken, um dem Magen Nahrungsaufnahme zu signalisieren. Das Hungergefühl wird dadurch kleiner.

Stefan (11) ist zu dick. Beim Sport kann er nicht mehr alle Übungen mitmachen, ohne dass ihn einige Kinder aus seiner Klasse auslachen. Stefan ist sehr unglücklich über sein Gewicht, er schafft es aber nicht alleine abzunehmen. Als er seinem Vater eines Abends von einer besonders unangenehmen Sportstunde erzählt und schildert, wie traurig ihn der Spott der anderen macht, nehmen sie sich gemeinsam vor, dieses Problem anzugehen. Jeden zweiten Abend laufen sie nun zusammen zu einem Sportplatz in der Nähe und spielen mindestens eine halbe Stunde Fußball miteinander. Von Woche zu Woche fühlen die beiden sich besser und nehmen nun auch regelmäßig ab. Nach einiger Zeit bekommt Stefan als Anerkennung einen besonders schönen Lederfußball, der ihn weiter motiviert, das abendliche Training beizubehalten.

Neben den übergewichtigen Kindern gibt es auch solche, die keinen Spaß am Essen haben und viel zu wenig Nährstoffe zu sich nehmen. Sie sind oft lustlos und schlapp, die fehlenden Vitamine und Ballaststoffe machen sie anfällig für Krankheiten und Infekte. Eltern können mit liebevoller Konsequenz und gutem Zureden nicht immer etwas am Essverhalten ihrer Kinder ändern. Sollte sich das Gewicht eines Kindes dramatisch verändern, muss der Rat eines Facharztes zugezogen werden. Für den Alltag gibt es jedoch einige praktikable Ratschläge und Rituale, die bei untergewichtigen Kindern den Spaß und die Freude am Essen wecken können.

Marie (11) litt unter starker Appetitlosigkeit und hatte für ihr Alter zu wenig Gewicht. Ihre Familie achtete deswegen auf das strikte Einhalten regelmäßiger Mahlzeiten. Zu Beginn jeder Mahlzeit erhielt Marie ein liebevoll aus Rohkost zusammengesetztes Gesicht, das sie von ihrem Teller aus anlächelte und zum Essen einlud. Dieses appetitliche Ritual machte Marie Lust auf das Essen und hob ihre Stimmung. Langsam wurden die gemeinsamen Mahlzeiten so für sie angenehme Familientreffen und eine liebgewordene Gewohnheit, bei der sie sich immer öfter auch lustvoll am Essen beteiligen konnte.

Freude, Spaß und eine angenehme Atmosphäre am Essplatz sind zentral, um die Lust eines Kindes an den Mahlzeiten zu wecken. Für viele Kinder ist es ebenfalls appetitanregend, wenn sie in der Küche beim Zubereiten der Mahlzeiten helfen dürfen. Dabei müssen die kleinen Köche natürlich auch immer von den verschiedenen Zutaten probieren und nehmen so schon eine kleine Menge Essen spielerisch zu sich. Kreativität ist gefragt, um untergewichtige Kinder zum Essen zu animieren. Dabei hilft es auch, die Kinder selber zu fragen, was sie denn gerne essen möchten, ob sie den Speiseplan für die Woche zusammenstellen wollen oder welchen Nachtisch es geben soll.

Till (5) war weder ein guter Esser noch hatte er am Kochen viel Interesse. Er malte jedoch sehr gerne, und da seine Mutter ihn unbedingt für Essen interessieren wollte, beauftragte sie ihn, für jeden Sonntag eine Speisekarte für das gemeinsame Familienessen zu gestalten. Till war mit Feuereifer dabei. Erst entschied er mit seiner Mutter gemeinsam, was es zu essen geben sollte. Dann malte er für alle Familienmitglieder Speisekarten, die er auf dem liebevoll gedeckten Tisch verteilte. Jedem Gericht gab Till abschließend noch einen einfallsreichen Phantasienamen, so dass die Sonntagsessen immer lustig waren. Natürlich musste Till die von ihm benannten Gerichte auch probieren, um zu testen, ob seine Namen auch passten, und so wurde sein Interesse am Essen nachhaltig geweckt.

Der Geschmackssinn von Kindern verfeinert sich, wenn sie immer wieder einmal neue Gerichte angeboten bekommen. Zu vielen Zutaten können Geschichten erzählt werden, die das Interesse der Kinder wecken. Wer die Nudeln erfunden hat, wo die Kartoffel her kommt oder seit wann es Speiseeis überhaupt erst gibt. Für Gemüseverweigerer kann jedes Essen unter ein lustiges Gemüsemotto gestellt werden und der Tisch dementsprechend dekoriert werden. Irgendwann wird ein Kind dann doch mal in die Karottennase auf seinem Eiskügelchen beißen.

Gegen Silkes (6) Appetitlosigkeit hatte ihre Oma ein wirksames Mittel gefunden. Sie machte ihrer Enkelin zum Frühstück und zum Abendessen nicht einfach nur Brote, sondern sie schnitt kleine mundgerechte Häppchen, die sie „Reiterchen" nannte. Das waren kleine Brotstücke, denen die

Kruste entfernt worden war, so dass sie butterweich waren und auf der Zunge zergingen. Dick belegt mit Silkes Lieblingswurst, konnte das Mädchen dem leckeren Essen nicht widerstehen und aß sogar mehr, als sie sonst zu sich nahm.

„Dieses Jahr möchte ich mal den Weihnachtsbaum schmücken!" Familienfeste gemeinsam und zufrieden feiern

Die Familie ist der Dreh- und Angelpunkt im Leben von Kindern und Jugendlichen, dies hat sich auch in den Zeiten zunehmender Scheidungen und Einelternfamilien nicht geändert. Laut einer Umfrage mit 807 deutschen Jugendlichen zwischen 12 und 13 sowie 17 und 18 Jahren, die im Auftrag der Zeitschrift Stern 1999 befragt wurden, stehen Eltern, Geschwister und Freunde ganz oben auf der Beliebtheitsskala der Befragten. 80 Prozent der Kinder und Jugendlichen haben einen sehr starken Bezug zu ihrer Familie, verbringen viel gemeinsame Zeit und legen großen Wert auf die Meinungen und Urteile ihrer Eltern. Dies legt nahe, dass der repräsentative Durchschnitt deutscher Kinder der Familie einen hohen stabilen Wert in ihrem Leben zuweist. (Stern 52/99)

Eine Familie ist der Rückhalt eines Kindes, sie vermittelt ihm Sicherheit, Liebe und Selbstbewusstsein, aber auch Werte und moralische Überzeugungen. Familienrituale stabilisieren das System dieser kleinen Gemeinschaft und machen sie nach innen und außen hin sichtbar. Viele der bereits beschriebenen Rituale, zum Beispiel die Vater-Kind-Urlaubswoche, das gemeinsame Abendessen oder bei Krankheit die Verteilung der Rollen sind natürlich auch als Familienrituale zu sehen. Darüber hinaus gibt es jedoch weitere Beispiele, die hier ihren Platz finden.

Jede Familie feiert ihre Feste etwas anders als andere Gemeinschaften. Ihre Abläufe, Rituale und Gewohnheiten werden im Laufe der Jahre festgelegt und orientieren sich an überlieferten Traditionen, aber auch an gemeinsam entwickelten neuen Vorstellungen.

An Weihnachten schmückten die Eltern von Kevin und Ilona gemeinsam den Baum, den die Kinder erst sehen duften, wenn sie gerufen wurden. Diese von den Großeltern überlieferte Tradition entwickelte sich mit wachsendem Alter der Kinder zunehmend zu einem Problem. Kevin und Ilona fanden es langweilig, nicht selber an der Aktion des Schmückens beteiligt zu sein. Als sie sieben und neun Jahre alt waren, wurde das Ritual deswegen grundlegend verändert. Nun waren die Kinder an der Reihe den Baumschmuck auszusuchen. Die Eltern wurden derweil aus dem Zimmer verbannt und tranken in der Küche schon mal ein Glas Weihnachtstee, um die Überraschung gut verkraften zu können. Jedes Jahr wurde der Weihnachtsbaum nun etwas skurriler. Dominierten im ersten Jahr noch kleine Stofftiere zwischen dem üblichen Christbaumschmuck, so bevölkerten im nächsten Jahr Barbiepuppen und Turtles-Figuren die Zweige. Von Jahr zu Jahr fiel den Kindern etwas Neues ein, wie sie den Baum dekorieren konnten, und das lieb gewordene Ritual wird wahrscheinlich fortgesetzt, bis Kevin und Sonja ausziehen, so gut gefällt es allen.

Gerade zu den Jahresfesten wie Weihnachten, Sylvester, Fasching, Ostern, Sankt Martin, Erntedank, Nikolaus und Pfingsten oder zum Geburtstag gibt es viele unterschiedliche Rituale. So werden zum Beispiel in einigen Familien die Geschenke schon morgens im Bett ausgepackt, in anderen erst wenn die Großeltern zum Kaffee trinken gekommen sind. Zum Geburts-

tag müssen Kerzen auf dem Kuchen brennen, die das Geburtstagskind dann ausblasen darf, während es sich etwas wünscht.

Weihnachten ist das Fest der Hausmusik, spielt ein Familienmitglied ein Instrument, so wird es an Weihnachten meistens ausgepackt und vorgeführt. Typisch für Weihnachten ist auch, dass die Familien zusammen feiern, alleine vor dem Weihnachtsbaum zu sein ist keine angenehme Vorstellung.

Auch für Sylvester gibt es eine Vielzahl von Ritualen, die die Kinder von klein an mitbekommen und die für sie relevant sind. Das erste Baby im neuen Jahr wird in der Zeitung vorgestellt, an Neujahr trifft man sich zu einem gemeinsamen Spaziergang, gute Vorsätze werden gefasst, man gießt Blei und legt sich die Tarotkarten oder beschäftigt sich mit dem Jahreshoroskop.

In Patricias (10) Familie ist es Tradition, dass sich alle Mitglieder an Neujahr zum Essen bei den Großeltern treffen. Auf den Tisch kommt jedoch kein opulentes Festmahl, sondern es wird immer Sauerkraut serviert, denn das soll ein Garant für Reichtum im neuen Jahr sein. Patricia findet dieses Ritual lustig. Sie erhofft sich davon eine Taschengelderhöhung, die manchmal auch prompt zum neuen Jahr eintritt.

Zu Ostern lieben Kinder das Eiersuchen, und selbst pubertierende Teenager sind irgendwie enttäuscht, wenn sie nicht mehr unter Sesseln und im Garten nach den bunten Hasenprodukten suchen sollen. Eine besondere Tischdecke mit bunten Sträuchern und Osterhasen verziert den Tisch, die Kinder blasen Eier aus und bemalen sie, blühende Zweige schmücken die Wohnzimmer.

Romans (4) Großvater baute seinem Enkel jedes Jahr zu Ostern eine elektrische Eisenbahn auf, die entweder im Wohnzimmer oder bei schönem Wetter auf der Wiese im Garten ihre Runden drehte. Roman suchte dann mit viel Spaß und Ehrgeiz die Eier und legte die gefundenen gleich in die herumfahrenden Waggons. Erst wenn alle gefunden waren stoppte die Eisenbahn und Roman durfte anfangen, die Eier zu essen. Dieses Ritual war das Beste an Ostern für den kleinen Jungen, und er fieberte jedes Jahr der Eisenbahn mit den bunten Eiern entgegen.

Im Herbst, wenn es draußen trüber und kühler wird, beginnt in einigen Familien die Bastelzeit. Laternen, Kastanienmännchen und Kürbisgesichter gehören für viele Kinder zum traditionellen Jahreslauf. In den letzten Jahren wird Halloween immer mehr auch in Deutschland ein Fest, dass bei den Kindern sehr beliebt ist und zunehmend gefeiert wird. Leuchtende Kürbisgrimassen stehen an den Fenstern der Kinderzimmer und verjagen mit ihrem schaurigen Grinsen die bösen Geister.

An Sankt Martin schaukeln die selbst gebastelten Laternen durch die Straßen, und zum Abschluss des Zuges warten Weckmännchen oder Brezeln auf die hungrigen und verfrorenen Kinder.

Am Abend vor Nikolaus stellt Annabel (9) jedes Jahr aufs Neue ihre Stiefel vor die Tür in der Hoffnung, dass sie am nächsten Morgen gefüllt sein würden. Damit der Nikolaus sie auch nicht übersieht, putzt Annabel mit ihrer Mutter zusammen jedes Jahr vor dem Nikolaustag alle Schuhe der Familie. Die glänzenden Stiefel vor der Wohnungstür überzeugen in der Regel auch kinderfreundliche Nachbarn davon, dem Mädchen etwas in die Schuhe zu stecken. Die Freude am nächsten Morgen ist dann immer besonders groß.

Solche Rituale sind nicht nur für Kinder wichtig, sondern auch für ihre Eltern. Es ist eine Möglichkeit, den Kindern ihre Liebe und Zuneigung zu zeigen. Die Freude der Kinder macht die Eltern glücklich und führt zu einem harmonischen Familienleben.

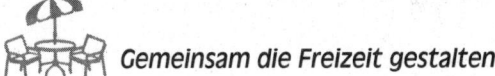 *Gemeinsam die Freizeit gestalten*

Nicht immer können Eltern ihren Kindern pädagogisch hochwertige Angebote machen, oft reicht es aus, gemeinsam etwas regelmäßig zu tun, was allen Spaß macht. So ist es zum Beispiel in vielen Familien ein Ritual geworden, am Samstagabend eine Fernsehshow anzusehen. Alle kuscheln sich dann gemütlich auf die große Couch und verbringen zwei Stunden ungestört miteinander. Im Anschluss daran oder während der Werbepausen entwickeln sich Gespräche, die durchaus zu einem harmonischeren Familienleben beitragen können.

Einmal in der Woche setzt sich die Familie von Dennis (11) zusammen und gestaltet einen ganz besonderen Abend. Im Wohnzimmer werden dann nach dem Abendessen Kerzen angezündet und eine Kassette mit leiser Meditationsmusik eingelegt. Vater, Mutter, Dennis und seine kleine Schwester setzen sich im Schneidersitz auf dem dicken Wollteppich im Kreis und erzählen, was sie die Woche über besonders beschäftigt hat. Dabei ist alles erlaubt, niemand unterbricht oder kritisiert den anderen. Bei Problemen dürfen Ratschläge gegeben werden, gemeinsam wird nach Lösungen gesucht. Wenn keiner mehr etwas zu erzählen hat, gehen die Kinder ins Bett und die Eltern lesen noch etwas im Wohnzimmer. Der Fernseher bleibt aus, der Abend hat eine entspannende und beruhigende Wirkung auf alle.

 *Rituale für anstrengende Zeiten*

In Zeiten wo Mütter oder Eltern besonders geschwächt sind, ist es wichtig Rituale für Kinder zu entwickeln, die sie stärken, weil sie in dieser Zeit bei Eltern nicht genügend Unterstützung bekommen. So kann bei der bevorstehenden Entbindung eines Geschwisterkindes zum Beispiel die Oma, der Opa, ein Nachbar oder eine Tante regelmäßig einspringen, wenn es um die Schulaufgaben geht. Ist das Geschwisterchen dann geboren und beansprucht die Zeit der Eltern, hat das Kind bereits einen festen Ansprechpartner und empfindet die Veränderung als nicht so bedrohlich für sich.

Auch in Zeiten von Krankheit, von Trauer nach dem Tod eines Familienmitgliedes oder bei beruflicher Überlastung der Eltern bekommen Kinder schnell das Gefühl, sie seien nicht mehr wichtig und für die Eltern nur lästige Nebensache. Hier ist es ganz wichtig, dass Rituale stattfinden, die die Eltern wenig belasten, weil sie nicht mehr darüber nachdenken müssen, und die den Kindern signalisieren, dass sie nach wie vor von den Eltern geliebt werden.

> Simones (8) Mutter war sehr krank und musste viele Wochen im Bett liegen. Sie schlief viel und hatte kaum Kraft, sich um ihre Tochter zu kümmern. Jeden Nachmittag nach der Schule allerdings gab es eine feste halbe Stunde, in der Simone ihrer Mutter etwas aus ihrem Lesebuch vorlas. Meistens hatte sie sowieso etwas zum Lesen als Hausaufgabe auf, für die die Mutter dann die Verantwortung übernahm. Simone hatte so die Gewissheit, dass ihre Mutter sich für sie interessierte und sich um ihre Hausaufgaben so gut sie konnte kümmerte. Für Simones Mutter war das Zuhören nicht zu anstrengend, so dass dieses Nachmittagsritual für sie leistbar war.

 *Familienkonferenz*

Um Probleme und Streitigkeiten aus der Welt zu schaffen, ist eine Familienkonferenz ein geeignetes Mittel, das regelmäßig angewendet zu einem kraftvollen Ritual werden kann. Jedes Mitglied einer Familie hat andere Wünsche und Träume. Jeder hat seinen eigenen Charakter, seine individuellen Vorstellungen vom Leben und gerät schon aus diesen Gründen immer wieder einmal in Konfliktsituationen mit den anderen. Die Kinder hören zu laut Musik, Mutter möchte einen anderen Film sehen als Vater, der ältere Bruder fühlt sich ungerecht behandelt und die kleine Schwester möchte endlich auch mal an den Computer.

So viele unterschiedliche Personen in einem Haushalt „unter einen Hut" zu bekommen ist nicht immer leicht, manchmal sogar unmöglich.

Einmal im Monat gibt es in der Familie von Michel (6), Sina (8) und Tane (12) eine große Tischrunde, an der richtig heftig gestritten wird. Mit einer Sanduhr wird die Zeit gestoppt, die jeder schimpfen darf. Hier ist fast alles erlaubt, darf sich jeder von der Seele reden, was ihn geärgert hat oder bedrückt. Auch die Eltern können mal richtig ihren Frust loswerden und den Kindern klar machen, dass sie nicht alleine unzufrieden sind. Nach der Aussprache, die manchmal recht laut wird, geht die ganze Familie in jedem Fall gemeinsam essen. Nie gehen sie nach der Familienkonferenz auseinander, ohne wenigstens für die Dauer des Abendessens wieder freundlich und nett zueinander gewesen zu sein.

Ritualgegenstände und -plätze

Eine zentrale Bedeutung für Rituale haben bestimmte Gegenstände oder Plätze, die mit dem jeweiligen Ritual verknüpft sind. Ritualgegenstände, auch Übergangsobjekte genannt, helfen den Kindern mit bestimmten Situationen besser fertig zu werden. Das Sorgenpüppchen, das dem Kind im Kindergarten hilft seine Trennungsangst zu überwinden, oder der besondere Stift, mit dem die Angst vor Klassenarbeiten gemindert wird, sind wichtige Hilfsmittel, ohne die ein bestimmtes Ritual nicht denkbar ist.

Auch Bewegungen oder Körpererfahrungen können Ritualcharakter bekommen, wie zum Beispiel der morgendliche Kuss beim Abschied, der nur von der Mutter und nur an der Haustür seine volle Kraft entfaltet.

Es gibt Ritualgegenstände, auf die Sorgen oder Schmerzen übertragen werden können, und solche, die einfach gedrückt und losgelassen werden, wobei man nichts überträgt sondern die Aktion als Symbol durchführt, selber etwas loszulassen.

Ritualgegenstände sind für ein Kind fest mit einer Situation verknüpft, sie sollten aus diesem Grunde auch nicht für andere Dinge entfremdet werden. Das Stofftier, das im Krankheitsfall mit einer Spritze gepiekst wird und andere ärztliche Versorgungen widerspruchslos über sich ergehen lassen muss, sollte nicht gleichzeitig benutzt werden, um die nächtliche Einsamkeit zu überwinden. Die Geburtstagskerze entfaltet ihre volle rituelle Kraft erst dann, wenn sie nicht ebenfalls zu Weihnachten oder Neujahr angezündet wird. Ein Kind wird sich einprägen, wozu ein Gegenstand dienlich ist, nur so wird sein Wert erhalten. Da Ritualgegenstände Hilfsmittel in Krisensituationen darstellen, sollten sie nicht einfach aus Spaß genutzt werden.

Die Erzieherin von Rolf (4) legt großen Wert darauf, beim Malen von Mandalas den Tisch besonders herzurichten. Um den Kindern einen Unterschied zwischen dem Ausmalen von Mandalas und dem normalen Malen zu verdeutlichen, zündet sie eine Kerze an und schmückt den Tisch mit einer bestimmten Decke. Sobald die Kerze brennt und der Tisch geschmückt ist breitet sich Stille im Gruppenraum aus und die Kinder vertiefen sich in ihre Malarbeiten. Die älteren Kinder haben dieses Ritual schon so verinnerlicht, dass sie sich den Mandala-Platz ganz selbstverständlich herrichten und manchmal auch Entspannungsmusik dazu anstellen.

Mit dem Schmücken des Tisches und dem Anzünden einer Kerze, eventuell auch mit dem Einlegen einer besonderen Musik wird eine ganz typische Ritualatmosphäre geschaffen, die die Kinder in ihren Bann zieht und die Wirkung eines Rituals verstärkt. Das Schaffen dieser Atmosphäre allein ist ausreichend, um deutlich zu machen, was jetzt kommt.

Übergangsobjekte oder Ritualgegenstände sind nach der kindlichen Erfahrung sehr mächtig. Macht des Objektes hängt ab von der Entwicklungsphase des Kindes, seiner Denkweise und seinen psychosozialen Bedürfnissen. Diese Objekte repräsentieren zum Beispiel während der Abwesenheit eines Elternteils dessen Stärke und Schutz.

In den verschiedenen Altersstufen gibt es unterschiedliche Objekte, die zu Ritualgegenständen werden können. Beim Säugling und Kleinkind steht der Schnuller oder ein Schmusetuch an erster Stelle. Denkbar sind auch eine bestimmte Spieluhr, ein Kette der Mutter oder ein spezielles Bilderbuch. Bestimmte Schlaflieder oder das exakte Ritual des Zudeckens vermitteln dem Kleinkind Sicherheit und Geborgenheit.

Bei Kindergartenkindern könnten es die Geburtstagskerze, persönliche Dinge von den Eltern, ein ganz besonderes Bilderbuch, der morgendliche Apfel vom eigenen Baum, ein Ring der Mutter, ein Stein in der Tasche, die Kindergartentasche oder eine Kassette mit Kinderliedern sein.

Das Schulkind, in seiner Entwicklung wieder einen großen Schritt weiter, braucht vielleicht seinen speziellen Wecker fürs Aufwachen, das geliehene T-Shirt von Papa, den Wellensittich, dem es seine Sorgen anvertrauen kann, zum Geburtstag eine spezielle Tischdecke oder wiederkehrenden Jahreszeitenschmuck wie ausgeblasene Eier, Tannenbaumkugeln oder die Ostertischdecke.

> Sam (9) und Kevin (11), die normalerweise nicht besonders viel Wert auf einen schön gedeckten Tisch legen und ihr Essen auch gerne mal schnell im Vorbeigehen hinunterstürzen, bestehen zu Ostern auf einer bestimmten Tischdecke. Diese bunte, mit Hasen und Eiern bedruckte Tischdecke verkörpert für die Jungen die Osterfeiertage. Ergänzend lieben sie bunte Kerzen in Eierform und einen Osterstrauß, an dem ihre selbst bemalten Eier hängen.

Ritualgegenstände sind etwas Besonderes. Allein ihr Anblick genügt, um bestimmte Prozesse in Bewegung zu bringen. Sie nehmen bei Kindern einen festen Platz ein und sind oft für Eltern nicht so deutlich zu erkennen. Gerade mit Beginn des Schulalters verbergen Kinder immer häufiger ihre rituellen Handlungen vor den Eltern, schaffen sich ihre eigenen, kleinen, heimlichen Rituale.

Die Überzeugung, dass eine Klassenarbeit nur gelingen kann, wenn ein bestimmtes T-Shirt, eine besondere Hose getragen wird, ist Eltern manchmal nicht so leicht zu verdeutlichen. Ein Aussortieren gerade dieser Kleidungsstücke ohne Rücksprache mit den Kindern kann familiäre Katastrophen auslösen.

Wo Rituale schaden können

In bestimmten Situationen sind Rituale äußerst hilfreich, sie müssen aber immer sensibel eingesetzt werden und im Kontext einer Ritualkultur stehen. Rituale, die aus ihrem Zusammenhang gerissen und nicht reflektiert werden, können zu einer sinnlosen Abfolge von Handlungen führen, die mehr schaden als nutzen. Bei der unreflektierten Übernahme traditioneller Rituale besteht die Gefahr, entgegen der ursprünglichen Absicht die Gefühle anderer zu verletzen, oder bestenfalls einen nichtssagenden Rahmen zu schaffen, in dem ziellos gehandelt wird.

Eric war gerade vier Jahre alt geworden, als seine Großmutter starb. So wie seine Mutter gute Erfahrungen damit gemacht hatte, sich von aufgebahrten Verstorbenen zu verabschieden, dachte sie auch für Eric das Beste zu tun, mit ihm gemeinsam zu dem Leichnam der Großmutter zu gehen, um sich zu verabschieden.
Eric war nicht begeistert von der Idee, und die Mutter hatte Mühe ihn zu überzeugen bzw. ihn zu überreden. Schaffte es dann doch. Noch an der Tür wollte Eric zurück, doch die Mutter überlistete ihn und nahm ihn mit zur verstorbenen Großmutter. Eric sollte ihre Hand berühren, war furchtbar erschrocken und rannte weinend aus dem Zimmer. Inzwischen ist Eric 15 Jahre alt und macht um jeden Friedhof einen großen Bogen, weil er das Ereignis von damals wohl immer noch nicht verarbeitet hat.

Rituale müssen für alle Beteiligten nachvollziehbar sein. Was einem Kind nutzt und es in seiner Verarbeitung von Problemen unterstützt, kann für ein anderes Kind sinnlos sein, wenn es sich nicht mit den Inhalten und Zielen auseinander gesetzt hat, sondern wie ein Statist in das Ritual eingebaut worden ist.

Immer wenn die Mutter sich über Pia geärgert hatte und mit ihr nicht mehr zurecht kam, musste das Mädchen sich abends, wenn der Vater von der Arbeit kam, bei ihm entschuldigen. Sie wusste eigentlich nicht so genau wofür, weil die Mutter nur wütend und in Tränen aufgelöst gesagt hatte, dass sie so nicht richtig sei, und dass es nicht in Ordnung ist, wie sie sich verhält. Dafür sollte sie sich beim Vater entschuldigen. Mit der Zeit wuchs bei Pia eine große Angst vor dem Vater, weil er sie natürlich strafte dafür, dass sie mal wieder die Mutter geärgert hatte. Pia verstand nicht, warum sie sich mit 5, 6, 7 Jahren immer noch beim Vater entschuldigen musste für etwas, was die Mutter geärgert hatte. Heute hat die inzwischen 11-Jährige große Mühe damit, sich überhaupt irgendwo zu entschuldigen, da sie keinen Sinn darin sehen kann.

Auch Rituale, die von Eltern mit den besten Absichten für die Entwicklung ihrer Kinder eingeführt wurden, haben keinerlei positiven Effekt, wenn die Kinder den Sinn des Rituals nicht nachvollziehen können und die Handlung für sie keinerlei Wert oder positive Bedeutung hat.

Wenn Sabrina irgendwas ausgeheckt hatte und die Mutter nicht mehr mit ihr zurecht kam, musste sie sich ruhig auf einen Stuhl setzen. Die Mutter begründete ihre Anordnung damit, dass Sabrina zur Ruhe kommen solle, um sich zu überlegen, was sie angerichtet hatte.
Sabrina konnte jedoch nicht zur Ruhe kommen, weil ihr nicht klar war, was die Mutter eigentlich wollte, was sie

den Schlimmes getan hatte. Sie fühlte sich mit dem Ritual bestraft und entwickelte einen Zorn auf die Mutter, während sie ihre Zeit auf dem Stuhl ungeduldig absaß.

Ein weiteres Beispiel, wo Rituale schaden können, sind die immer wiederkehrenden Advents- und Weihnachtsrituale, in die Kinder und Jugendliche hineingepresst werden. Viele dieser Rituale werden von den Eltern und Großeltern eingefordert, weil es doch schon immer so war und diese Generation in der Tradition so fest verwurzelt ist, dass ein Weihnachtsfest ohne diese Rituale nicht als befriedigend empfunden wird.

Dass der Spaß daran verloren geht, wenn die Kinder sich gezwungen sehen, diese Rituale mitzumachen, sollte nicht übersehen werden. Dabei wäre es schön, wenn die Kinder und Jugendlichen gemeinsam mit ihrer Familie eigene Rituale für diese Zeit entwickeln könnten. Übergangsrituale, die von allen gemeinsam erfunden und gestaltet werden. Möglicherweise kommen Jahre später wieder die traditionellen Rituale zurück, nachdem die Kinder ihre eigenen ausprobiert und die alten auch für ganz schön befunden haben.

Vielleicht setzen sich aber auch neue Rituale durch, die in ihrer Zielsetzung dasselbe erreichen wie die überkommenen alten Rituale dies tun sollten, aber nicht mehr konnten.

Eigene Rituale erfinden

Sicherlich wird dieses Buch nicht für alle Situationen ein passendes Ritual beschreiben, mancher Leser oder manche Leserin hat möglicherweise vergeblich nach einer passenden Beschreibung für eine individuelle Fragestellung gesucht.

Wir möchten Sie an dieser Stelle deshalb dazu anregen, einfach selber geeignete Rituale zu erfinden. Es ist ganz einfach, wenn Sie folgende Dinge beachten:

- Geben Sie Ihrem Ritual einen Namen, und stellen Sie sich vor, was Sie damit erreichen wollen. Nehmen wir einmal an, Sie möchten Ihrem Kind den Spaß am Lesen vermitteln, dann könnten Sie das Ritual unsere „Lesekuschelminuten" nennen.

- Erfinden Sie nun einen Handlungsablauf gemeinsam mit Ihrem Kind. Beispielsweise können Sie jeweils erst ein Buch aussuchen, dann einen Tee kochen, einen speziellen Platz aussuchen und sich beim Vorlesen aneinanderkuscheln.

- Suchen Sie sich einen Ritualgegenstand, vielleicht ein besonders bequemes Kissen oder eine Kerze, der das Zentrum Ihres Rituals bildet.

- Schaffen Sie sich genügend Freiraum, um das Ritual störungsfrei durchführen zu können. Stellen das Telefon ab, die Türklingel aus, oder bitten Sie andere Familienmitglieder sich um eventuelle Störungen zu kümmern. Schließen Sie die Zimmertür und bitten Sie um Verständnis und Ruhe.

- Richten Sie Ihre ganze Aufmerksamkeit auf das Ritual, lassen Sie sich nicht stören oder ablenken. Nach einer festgelegten Zeit, beim Vorlesen reichen 10 bis 15 Minuten, beenden Sie das Ritual mit einem gleichbleibenden Spruch, einem Kuss oder einem Lied.

Vielleicht möchten sie aber auch erst einmal Bilanz ziehen bevor Sie selber neue Rituale erfinden. Schauen Sie sich die Rituale Ihrer eigenen Familie genau an, möglicherweise übernehmen oder verändern Sie diese.

Überlegen Sie sich, welche wiederkehrenden Handlungen Ihnen und Ihren Kindern gut tun. Vielleicht führen sie auch alte Rituale wieder ein, erinnern sich an Erfahrungen aus Ihrer eigenen Kindheit oder fragen die Großeltern nach ihren Erinnerungen an Rituale.

Auf jeden Fall sollten Sie Ihre Kinder miteinbeziehen, wenn sie neue Rituale erfinden. Kinder haben oft sehr gute Ideen und es ist nicht schwer, sie für dieses Thema zu begeistern.

Und nun wünschen wir Ihnen viel Spaß beim Rituale erfinden!

Elisa Diekemper   Uta Reimann-Höhn

Elisa Diekemper veranstaltet auch Seminare zum Thema „Rituale geben Sicherheit".

Für Informationen wenden Sie sich bitte an folgende Adresse:

Elisa Diekemper
Himbeerweg 3
D 65207 Wiesbaden
Tel./Fax: 0 61 27- 66 01 57

Literatur

Ballinger, E.: Lerngymnastik. Verlag Neuer Breitschopf, München 1995

Beil, Brigitte: Schlummertuch und Hochzeitstag. Verlag dtv, München 1997

Blickhahn, Daniela: Mama, die Schule nervt mich. Verlag Herder Spektrum, Freiburg 1998

Du Bois, Reinmar: Übergangsrituale und Jugendkultur in: Aufgang, Untergang, Übergang – Leben in der Zeitenwende. Verlag Otto Müller 1999

Fraiberg, Selma: Die magischen Jahre. Verlag Hoffmann und Campe, Hamburg 1996

Imber-Black, Evan: Rituale in Familie und Familientherapie. Verlag Carl Auer, 1998

Kaufmann-Huber, Gertrud: Kinder brauchen Rituale. Verlag Herder, Freiburg im Breisgau 1995

Preuschoff, Gisela: Kinder zur Stille führen. Verlag Herder, Freiburg im Breisgau 1996

Ressel, Hildegard: Rituale für den Alltag. Verlag Herder Spektrum, Freiburg im Breisgau 1998

Von Weltzien, Diane: Die Welt der Rituale. Verlag Goldmann, München 1994

Weikert, Annegret: Rituale geben Kindern Halt. Verlag Südwest, München 1997

Wermke, Michael: Rituale und Inszenierungen in Schule und Unterricht, Verlag LIT 1997

Zeitschrift Pädagogik: Rituale – Schule und Unterricht Gestalt geben. Verlag Beltz 1/1994

Sicherheit im Erziehungsalltag

Gisela Preuschoff
Eltern brauchen Grundvertrauen
Wie Ihre Zuversicht den Kindern hilft
Band 5502
Ängste um Kinder sind zwar verständlich, können aber belastend sein.
Die Autorin zeigt, wie Eltern Sorgen in Segen verwandeln können.

Klaus Hurrelmann / Gerlinde Unverzagt
Kinder stark machen für das Leben
Herzenswärme, Freiräume, klare Regeln
Band 4937
Wärme – Regeln – Freiraum – das „magische Dreieck", das Eltern hilft,
innere Stärke und Selbständigkeit an ihre Kinder weiterzugeben.

Gertrud Kaufmann-Huber
Kinder brauchen Rituale
Ein Leitfaden für Eltern
Band 4936
Rituale sind wichtig für die kindliche Entwicklung, aber die richtigen
müssen es sein. Sie geben Sicherheit, Geimeinschaft und Geborgen-
heit.

Christine Buchner
„Ich will einfach wichtig sein"
Was Kinder mit ihrem Verhalten sagen wollen
Band 4927
Wenn Kinder mit irgend etwas Schwierigkeiten haben, brauchen sie Zu-
wendung und Beachtung. So können Eltern ihre Kinder unterstützen.

Terri Apter
Ich schaff das schon!
Wie Kinder innere Stärke entwickeln und sich nicht entmutigen
lassen
Band 4912
Selbstvertrauen entsteht, wenn Kinder lernen, sich nicht entmutigen
zu lassen. Ein Begleiter durch die Zeit zwischen fünf und fünfzehn.

HERDER spektrum

Rudolf Dreikurs/Loren Grey
Kinder lernen aus den Folgen
Wie man sich Schimpfen und Strafen sparen kann
Band 4884
Ein Erziehungsstil, der Kindern frühzeitig dazu verhilft, eigenständige
Erfahrungen zu sammeln und mit Freiheit richtig umzugehen.

Roswitha Defersdorf
Deutlich reden, wirksam handeln
Kindern zeigen, wie Leben geht
Band 4829
Damit Kinder ihren Weg eigenständig und erfolgreich gehen lernen
brauchen sie Eltern, die eindeutig, klar und liebevoll sind.

Xenia Frenkel
Einfach & glücklich
Leben mit Kindern
Band 4828
Der Ratgeber für Eltern, deren Alltag mit Kindern oft kompliziert
scheint. Es zeigt: Einfacher heißt: mehr vom Leben haben

Monika Niederle
Kinderängste verstehen
Eltern geben Mut und Sicherheit
Band 4821
Trennungsängste, Verlassenheitsängste, Versagensängste: Eine kon-
sequente Erziehung ist der beste Schutz davor. Für alle Eltern, die ihren
Kindern Mut machen wollen.

Jamie Miller
Mit Kindern Werte entdecken
Spiele und Ideen
Band 4813
Vertrauen, Ehrlichkeit, Mut, Ziele haben, Dankbarkeit empfinden:
Dies zu lernen ist wichtiger als Aufräumen oder Knöpfe annähen.

HERDER spektrum

Gisela Lück
Leichte Experimente für Eltern und Kinder
Band 4811
G. Lück zeigt, wie Eltern und Kinder vom Staunen zum Begreifen der Umwelt finden: problemlos, ganz ungefährlich und mit viel Spaß!

Peter Veith
Jedes Kind braucht seinen Platz
Geschwister in der Familie
Band 4792
Hier wird gezeigt, was Eltern über die Entwicklungsmöglichkeiten, Schwierigkeiten und Chancen geschwisterlichen Miteinanders wissen müssen.

Dorothy Law Nolte/Rachel Harris
Heute schon dein Kind gelobt?
19 gute Regeln für Eltern
Band 4790
Kinder lernen, was sie erleben und erfahren. Mit positiven Signalen geben Eltern ihren Kindern Ermutigung, Selbstvertrauen und klare Orientierung.

Mark L. Brenner
Positiv erziehen
Konsequent bleiben, ohne autoritär zu sein
Band 4783
Wenn sie sich in ihrem Anliegen verstanden wissen und Alternativen sehen, können Kinder durchaus damit klarkommen, daß sie etwas nicht bekommen oder nicht dürfen. Brenner zeigt, wie das gelingt.

Theo u. Julitta Schoenacker / John Platt
Die Kunst, als Familie zu leben
Ein Erziehungsratgeber nach Rudolf Dreikurs
Band 4782
Kinder sind von klein an ernstzunehmende soziale Wesen. Wie man diese Anlagen entdeckt und eine entspannte Beziehung aufbaut, zeigt dieses Buch.

HERDER spektrum